Egy Boldogabb Élet

*Hogyan alakítsuk ki a valódi boldogságot és
jólétet az élet minden szakaszában*

Írta: Shar Khentrul Dzsamphel Lodrö

Szerkesztette: Dr. Adrian Hekel

Dzokden

ELSŐ KIADÁS
ISBN: 978-1-958229-01-9 (puha kötésű)
ISBN: 978-1-958229-00-2 (ePub)

Kiadta:
DZOKDEN

Ezt a könyvet a Dzokden önkéntesei fordították. Az ő elhivatottságuk tette lehetővé, hogy ezt a munkát megosszuk veletek. Őszintén köszönjük Váradi Katinak (fordító), hogy elősegítette e könyv magyar nyelvű kiadását.

Ha többet szeretne megtudni küldetésünkről, vagy adományozni szeretne projektjeink támogatására, kérjük, vegye fel a kapcsolatot velünk:

Dzokden
3436 Divisadero Street
San Francisco, California 94123
United States of America

www.dzokden.org

Tartalom

Köszönetnyilvánítás

E könyv érdemeit a szüleimnek ajánlom, akik világra hoztak engem, és odaadóan gondoskodtak rólam – soha nem tudom igazán visszafizetni a kedvességüket. Nagyon örülök és hálás vagyok a lehetőségnek, hogy megírhattam ezt a könyvet, mivel még nagyon kezdő vagyok az angol nyelv és kultúra terén, és némileg korlátozottak a tapasztalataim egy nyugati országban való élést illetően. Ezért rendkívül hálás vagyok azoknak, akik hozzájárultak, és segítettek ennek a könyvnek a kidolgozásában, nemcsak a gyenge angoltudásom értelmezésében, hanem az ötletek megvitatásában és közreműködésében is. Szeretném megköszönni Dr. Adrian Hekelnek a rengeteg segítséget, amit a könyv szerkesztésében nyújtott. Úgy vélem, Adrian szándéka és motivációja valódi és feltétel nélküli volt. Remélem, hogy miközben olvassák ezt a könyvet, értékelik Adrian erőfeszítéseit, hiszen nélküle ez a könyv talán nem készült volna el. Ezúton is szeretném kifejezni hálámat Julie O'Donnellnek, aki segített elindítani ezt a könyvet, és köszönöm a végtelen támogatását, nagylelkűségét, odaadását és hűségét. Minden lehetőség, ami lehetővé tette, hogy ezen és más projekteken dolgozhattam, Julie kedves támogatásának köszönhető, ezért nem tudom eléggé megköszönni neki, és soha nem felejtem el a segítségét. Ezúton is szeretnék köszönetet mondani mindazoknak, akik hozzájárultak ehhez a könyvhöz, különösen Stephanie Davis-nek, Mark Cleary-nek, Lisa Jobsonnak, Dorothy Weltonnak és Kristy Peters-nek. Legyetek szerencsések, és jussatok messzire a spirituális fejlődésben.

Khentrul Rinpocse
Melbourne, Ausztrália
2015. július

A Szerkesztő Előszava

Hat éve találkoztam először Khentrul Rinpocséval. Akkoriban, friss bevándorlóként Ausztráliába csak nagyon keveset beszélt angolul, és szinte senkit sem ismert. Viszont ügyetlen kommunikációs kísérleteink során rájöttem, hogy egy egészen figyelemre méltó történettel rendelkezik, és a buddhizmusban való képzettsége felülmúlhatatlan. Amikor néhány évvel ezelőtt megemlítette egy a boldogságról szóló könyv írásának az ötletét, eltartott egy ideig, amíg meggyőztem magam arról, hogy írhatunk valami eredeti és gyakorlatias dolgot, de egy idő után rájöttem, hogy bár sok ötlete meglehetősen egyszerű, a mögöttük rejlő bölcsesség egészen mélységes.

Miközben ezen a kéziraton dolgoztam, befejeztem az orvosképzést, és egy kis ideig háziorvosként dolgoztam. Ez a munka olyan volt, mintha egy nagyítóval néztem volna az ausztrálok mindennapi életének belső világába. Ez lehetővé tette, hogy szemtanúja legyek annak a szívfájdalomnak, szenvedésnek és nyomorúságnak, amelyet az emberek minden nap átéltek, ugyanakkor annak a csodálatos örömnek és ellenálló képességnek is, amellyel egyesek a legnehezebb körülmények ellenére is rendelkeztek. A saját élettapasztalatom mellett az orvosként végzett munka meggyőzött arról, hogy a boldogság nem „véletlenül történik", és ez bizony nem jelentéktelen dolog. Kétségtelen, hogy alaposan át kell gondolnunk, végül is mi számít igazán?

Ezenkívül az orvosként végzett munkám során észrevettem, hogy sokan figyelmen kívül hagyják a szenvedés, a halál és a haldoklás valóságát. A spiritualitást gyakran magánügynek tekintették, vagy nem is nagyon gondolkoztak el a mélyebb kérdéseken, annyira az élet folyására összpontosítottak. Ezért úgy éreztem, hogy egy ilyen könyv segíthet az embereknek abban, hogy megismerjék, hogyan épül be a spiritualitás a mindennapi élet tapasztalatába, ahelyett, hogy valami különálló dolog lenne. Talán „hídként" is szolgálhat azok számára, akik a nyugati kultúrában nőttek fel, és érdeklődnek a „spirituális élet" iránt.

A könyv szerkesztése során remélem, hogy írásmódom és az általam elvégzett kiegészítések nem bagatellizálták vagy rontották el azt a bölcsességet, amelyet Khentrul Rinpocse próbált közvetíteni. Annak érdekében, hogy a könyv könnyebben olvasható legyen, megpróbáltam gondolatait a pszichológia legújabb kutatásaival kiegészíteni (a jegyzetek részben részletezve). Ennek nagy része a Sydney-ben zajlott nemzetközi „A boldogság és okai" című konferencián szerzett tapasztalataimon, valamint az orvostudományi képzésemen és a tanácsadásban és pszichológiában nagy tapasztalattal rendelkező mentorokkal folytatott beszélgetéseimen alapul. Remélem, hogy ezek a kiegészítések nem vonnak le a könyv lényegi üzenetéből, és vállalom a felelősséget bármely hibáért vagy mulasztásért.

Végezetül közreműködésemet a könyv létrejöttéhez szüleimnek szeretném felajánlani, akik feltétel nélkül mindig mellettem voltak. Továbbá őszintén kívánom, hogy ennek a könyvnek az elolvasása elősegítse az életminőség javulását.

Adrian Hekel

2010 március

ELSŐ FEJEZET

Bevezetés a Boldogságba

Talán kíváncsiak rá, hogy egy hozzám hasonló embert miért érdekel a boldogságról szóló könyv megírása.

Soha nem jártam iskolába, nincs egyetemi végzettségem, és nagyon kevéssé érintettek a modern világ információi és technológiája. Ehelyett életem nagy részét egyszerű szerzetesként éltem, elszigetelve a világ többi részétől, Tibet távoli hegyei között.

Amikor azonban az életemre gondolok, rájövök, hogy elképesztő sokféle élményen mentem keresztül, amelyek valójában elég jól megragadják, hogy mi az igazán lényeges és fontos az életben, olyannyira, hogy nem tudtam megállni azon vágyamat, hogy feltárjam a boldogság kérdését, és megosszam másokkal a tanultakat. Szívből jövő vágyam az volt, hogy írjak egy könyvet a boldogságról, amely az élet minden aspektusát és minden lépését feltárja úgy, hogy egyedi és hasznos legyen mindenki számára, legyen az fiatal vagy idős, vallásos vagy nem vallásos, gazdag vagy szegény. Úgy szerettem volna megírni, hogy figyelmes elolvasása, tartalmának átgondolása és bizonyos technikák gyakorlatba való átültetése ténylegesen megváltoztassa boldogság érzetünket.

Amikor visszatekintek az életemre, és felidézem az eddigi kapcsolataimat, a meghozott döntéseket és a tanulságokat, csak arra tudok gondolni, mennyire hasznos lett volna, ha van egy útmutató vagy kézikönyv a boldog és elégedett életről. Nagyon szerencsésnek éreztem volna magam, ha lehetőségem van egy ilyen könyvet elolvasni.

Ezért döntöttem úgy, hogy megírom ezt a könyvet, és kihasználom a lehetőséget, hogy megosszam néhány meglátásomat arról, hogyan birkózzunk meg a kihívásokkal, amelyekkel mindannyian szembesülünk az élet különböző szakaszaiban, és hogy mi is a valódi boldogság.

Szinte mindenki azt feltételezi, hogy a nehézségekkel és a szerencsétlen körülményekkel szembesülve nem találhatjuk meg a boldogságot. Ám lassan megtanultam, hogy ez bizony lehetséges, hiszen sok nehéz időszakon mentem keresztül, de fiatal koromtól kezdve soha nem voltam boldogtalan – valójában valószínűleg boldogabb vagyok, mint sok könnyű életet élő ember. Gyerekkoromban megfosztottak a magas társadalmi státusz betöltésétől, és helyette kemény életet éltem, jakokat tereltem a hegyekben, akár mínusz harminc fokos időben is. Tinédzser koromban heves boldogságra találtam a romantikus szerelemben, amelyről úgy éreztem, hogy örökké fog tartani, de apám halála után meghoztam a nehéz döntést, hogy ezt feláldozom, mivel őszinte elhivatottságot éreztem, hogy tiszteletben tartsam szüleim kívánságát, és szerzetes legyek.

Amikor viszonylag későn elkezdtem a szerzetesi életet, nehezen tudtam elfogadni és alkalmazkodni ehhez a teljesen új életmódhoz. Olyan szerzetesekkel versenyeztem, akik gyermekkoruktól kezdve teljes időben részesültek a képzésben, míg én csak egy egyszerű jakpásztor voltam. Később pedig meglehetősen nehéz volt alkalmazkodnom Ausztrália kultúrájához és életmódjához, ahol senkit nem ismertem, és csak néhány szót tudtam angolul.

A sokéves hiteles buddhista képzés, valamint a modern nyugati világban megélt gazdag és sokszínű tapasztalataim felnyitották a szemem arra a tényre, hogy a boldogság nem a körülményektől függ, ahogy azt az emberek általában gondolják. Szerencsés voltam, hogy mélyebben megértettem a boldogságot a nehézségek és szerencsétlenségek által, a kényelmes élet függése helyett. Ahogy most visszatekintek a saját tapasztalataimra, rájövök, hogy a nehéz idők tanítottak meg a boldogságra azzal, hogy belső erőt adtak, és sok mindent újra megbecsültem.

Amikor megérkeztem Nyugatra, látva annak teljesen más kultúráját, életmódját és gondolkodásmódját, meglepetésemre a boldogságról kialakított minden megértésem megerősítést nyert. Ahelyett, hogy megváltoztattam volna a szemléletet, a nézeteim gazdagodtak, és elmélyültek. Ez azután történt, hogy sok nyugati emberrel találkoztam, és beszélgettem az elmúlt néhány évben, valamint hogy alaposan megfigyelhettem a nyugati életet, és megismerhettem egy kicsit a nyugati pszichológia, filozófia és tudomány fogalmait. Megpróbáltam ezeket a felismeréseket a szövegbe szőni abban a reményben, hogy hozzáférhetővé tegyem a tibeti buddhista hagyomány mélységes bölcsességét (az egyes fejezetekre vonatkozó hivatkozások e könyv végén találhatók).

Remélem, ez a könyv olyan lesz, mint egy tükör, amelyen keresztül ránézhetnek az egész életükre – a múltra, a jelenre és a jövőre. Fiatalként hasznosnak találhatják az időseknek szóló fejezeteket, idősként pedig lehet, hogy leginkább a tizenéveseknek és fiatal felnőtteknek szóló fejezetekkel azonosulnak. A könyvben a buddhista hagyományok hátterét is megosztom. Remélem, hogy néhányan Önök közül hasznosnak találják ezt, különösen, ha kíváncsiak a „spirituális élet" gondolatára, amelyet a modern világban sokszor rosszul értelmeznek. Imádkozom, hogy ez a könyv valamilyen módon a segítségükre legyen abban, hogy megtervezzék, és elköteleződjenek a boldog és tartalmas élet iránt, bármilyen vallást vagy hitet is követnek.

MI A BOLDOGSÁG?

Mi a boldogság? Csak arról van szó, hogy jól érezzük magunkat, vagy lelkesek vagyunk, kényelmes életünk van, és a vágyaink teljesülnek? Hiszem, hogy ezek mind a boldogság jellemzői lehetnek, de valójában ennél sokkal többről van szó. Amikor a boldogság szót használjuk, gyakran nem vagyunk tudatában annak, hogy ez egy hatalmas és mély téma. Ez az egy szó nem tudja megfelelően leírni a boldogság végtelen szintjeit.

A felszínen a boldogság magában foglalhatja a fizikai kényelmet, a mentális elragadtatást vagy a pillanatnyi örömérzetet, valamint a szeretet és az elfogadás érzését. Kicsit mélyebb szinten magában foglalhatja azt is, hogy teljesen belemerülünk egy adott tevékenységbe, vagy egy adott cél elérésére irányuló törekvés folyamatába. A boldog lelkiállapot nem feltétlenül a célok elérésével jön létre, hanem a lelkesen feléjük irányuló folyamat során. E szintek mindegyikén, és minden szinten belül is az elégedettség különböző mértékeit érezhetjük.

Megint csak egy mélyebb szemszögből vizsgálva bizonyos fokú boldogság származik annak a megértéséből, hogy a kudarc és a veszteség az élet természetes velejárói. Ezzel a megértéssel minden körülményt tanulási alapként használhatunk, hogy felfedezzük a belülről jövő boldogságot, minden hullámvölgy ellenére. Ez a kiegyensúlyozottság és a belső béke érzéséhez vezet, növelve az érzelmeink irányításának képességét. Sok spirituális és nem spirituális filozófia mondja:

1. Ismerjük fel, hogy a boldogságnak sok szintje van
2. Értékeljük, hogy a boldogság minden helyzetben létezhet

Gyakran csak az egyik szintet látjuk. Ha valóban felismerjük, és értékeljük távlatait, az ajtó megnyílik a boldogság mélyebb szintjeinek megértéséhez és felismeréséhez. Ez a megértés a boldogság határtalan lehetőségéhez vezet, amely sokkal nagyobb, mint azt valaha is elképzeltük.

Mit jelent „elfogadni" a sötétséget az életünkben? Általában két végletbe esünk – egyrészt figyelmen kívül hagyjuk az élet részét képező szenvedést, másrészt teljesen beleragadhatunk e szenvedésbe. Az első esetben védve vagyunk az élet valóságától, és meglepődünk, ha valami váratlan dolog történik, például egy munkahely elvesztése vagy egy szeretett személy halála. A második esetben a sötét oldalon ragadtunk, depresszióba, negativitásba vagy lemondó elfogadásba esve, és nem értékeljük az élet által felkínált számos áldást.

Szerencsére létezik egy középút, egy kilátópont, ahol egyszerre tudatában lehetünk a szenvedésnek és az áldásnak is. Elveszíthetjük minden vagyonunkat, vagy akár egy közeli barátunkat, mégis értékelhetjük azt, amink van, például az egészségünket és a jó elménket, és az áldást, hogy egy olyan életet élhetünk, ahol annyi minden biztosítva van számunkra. A boldogság és az elégedettség tehát csak akkor jöhet létre, ha őszintén értékeljük az élet világos oldalát, miközben megértjük, hogy a sötét oldal természetes, és így nem győznek le a szerencsétlen események. Csak akkor tudjuk igazán értékelni az életet, ha tisztában vagyunk annak beteljesítő és „szenvedő" természetével is.

Ha megértjük a sötétséget az életünkben, akkor nő az együttérzésünk, hiszen rájövünk, hogy minden lény ugyanazokon a küzdelmeken megy keresztül, mint mi. Ekkor képesek vagyunk mély vágyat érezni, hogy kedvesek legyünk, és hogy kifejlesszük az elfogulatlan, feltétel nélküli szeretetet és együttérzést, csökkentve azt a hajlamot, hogy csak saját magunkra gondoljunk. Ez a boldogság még mélyebb szintjére visz bennünket, arra sarkallva, hogy életünket önmagunknál valami nagyobb dolognak szenteljük.

Végül a boldogság legmélyebb szintje az eredendően bennünk lakozó „önzetlen természet" felfedezése, amely lényünk lényege. Ez az öröm és az elfogulatlan szeretet állandó forrása, teljesen független a külső körülményektől. A buddhista hagyományban ezt „megvilágosodott természetnek" nevezzük, amelyet az önérdek minden nyomának felszámolásával fedezhetünk fel[1]. Ezután felfedjük valódi lehetőségeinket, hogy teljes mértékben boldogok legyünk, teljes irányítást nyerve érzelmeink felett, és természetes módon javára válva másoknak.

A modern pszichológia is beszél a boldogság különböző szintjeiről. Martin Seligman szerint, akit gyakran a pozitív pszichológia atyjaként hívnak, három alapvető szint létezik[2]. Először is, a pillanatról pillanatra érzett öröm, amelyre mindannyian törekszünk, aztán az az öröm, amely egy adott feladat vagy cél elérésének folyamatából fakad, és végül a

5

cél és a beteljesedés mély érzése, amely abból a tudásból fakad, hogy az élet mélységes és értelmes, és ami fokozható a legfontosabb erényes tulajdonságok fejlesztésével.

Bár mindannyian különböző elképzelésekkel rendelkezünk arról, mit jelent számunkra a boldogság, ezek a különböző szintek mindannyiunkra vonatkoznak, függetlenül attól, hogy kik vagyunk. Ha így értjük meg a boldogságot, sokkal gazdagabban értékelhetjük a végső lehetőségeit és erejét. Arról fogok beszélni ebben a könyvben, hogyan lehet megtalálni a boldogság ezen különböző távlatait. Remélem, hogy mindegyikőtök összekapcsolódik ezzel, és képesek lesztek alkalmazni a személyiségeteknek és a megértésetek jelenlegi szintjének megfelelően. Hangsúlyozom azonban a mélyebb szintek művelését, ahol megtalálhatjuk az együttérzésen és önzetlenségen alapuló valódi beteljesedést. Ha ezt megtaláljuk magunkban, felfedezzük lényünk mélységét, amely az öröm, a béke, az elégedettség és a bátorság állandó forrása, függetlenül az élet hullámvölgyeitől.

Elérhető a boldogság?

Minden élőlénynek eredendő vágya a boldogság bizonyos fokú elérése, függetlenül az élethelyzettől vagy a kortól. Vannak, akik kiábrándultak, és nem jó eszközöket választanak a boldogság eléréséhez. Például egyes emberek fizikailag vagy érzelmileg bánthatnak tudatlanságukban, és ez elégedettséget és boldogságot jelent számukra. Függetlenül attól, hogy az emberek hogyan próbálják elérni, fontos felismerni, hogy a boldogság és az elégedettség keresése bizonyosan a végső hajtóereje minden tevékenységünknek. Ez egy természeti tény, és nincs értelme vizsgálni, hogy miért van ez a vágyunk. Olyan lenne, mintha megpróbálnánk elemezni, hogy miért forró a tűz vagy miért folyékony a víz, ezért nem igazán segítene nekünk.

Azonban, ami feltétlenül szükséges az az, hogy megvizsgáljuk, elérhető-e a boldogság. Mindannyiunkban eredendően benne van a boldogság lehetősége? Ez az okoktól és a körülményektől függ? És ha igen, melyek a megfelelő okok és feltételek? Vagy ez a „sors", valami, ami csak akkor töténik meg, ha a dolgok „a helyükre kerülnek"?

Az első kérdésre a válasz igen, mindannyiunkban megvan az eredendő lehetőség a boldogság eléréséhez. A világ minden hitrendszere, legyen az vallásos vagy nem vallásos, úgy tartja, hogy a boldogság nem csak véletlen, vagy a jó, rossz szerencse eredménye. Valamint megkérdőjelezhető az az elképzelés, hogy mindannyian meghatározott lehetőségekkel rendelkezünk a boldogság eléréséhez, amelyen nem lehet változtatni[3]. Mind a hagyományos spirituális kultúrák tapasztalatai, mind a modern tudományos kutatások azt mutatják, hogy ha szorgalmasan és ügyesen fejlesztjük a boldogságot, végül mindenképpen elérhetjük.

Manapság és az emberiség történelme során élő bizonyíték van arra, hogy számos ember elérte a boldogság magas szintjét. Ez gyakran jelentős küzdelem vagy kemény munka eredménye volt. Ezt tudjuk a saját és mások vallomásaiból, és láthatjuk a tetteikben. Sőt vannak olyan emberek, akiket „megvilágosultnak" is nevezhetünk. Kivétel nélkül rámutatnak a megvilágosodás eredendően bennünk lakozó lehetőségére, amely mindannyiunkban egyformán megtalálható.

Másodszor, feltettük a kérdést: a boldogság az okoktól és a feltételektől függ, vagy csak véletlen, vagy a „sors" műve? Igen, a boldogság teljesen az okoktól és a feltételektől függ. Ha megnézzük az emberiség civilizációjának történetét, és ha alaposan megvizsgáljuk saját tapasztalatainkat, akkor azt fogjuk találni, hogy nincs semmi, ami ne az okoktól és a feltételektől függően jönne létre. Ugyanígy lehetetlen, hogy a boldogság véletlenszerűen merüljön fel.

A megfigyelhető szinten mindannyian egyetértünk abban, hogy semmi sem történik különösebb ok nélkül. Hasonlóképpen, a mód, ahogyan érzékeljük a dolgokat, beleértve a tudatunkon áthaladó gondolatokat és érzelmeket is, bizonyos okoktól és feltételektől függenek. Ezért beszélhetünk a boldogságról is ugyanebben az értelemben.

A HELYES OKOK ÉS FELTÉTELEK

Ha a boldogság bizonyosan elérhető, fel kell tennünk magunknak a kérdést, hogy milyen okok és feltételek fogják előidézni. Ez messze a legfontosabb és a legátfogóbb választ igénylő kérdés. Most röviden felvázolom, majd a későbbi fejezetekben ismét foglalkozunk ezzel.

Először is meg kell kérdeznünk magunktól, hogy az emberek többsége valóban boldog-e. Ha őszintén elgondolkodunk ezen, akkor a válasz biztosan 'nem' lesz. Még ha boldognak is tűnünk, gyakran e mögött megbújik az elégedetlenség érzése, vagy hogy „valami hiányzik", vagy könnyen megrendülhetünk, ha valami váratlan történik.

A legtöbb ember azt gondolja, hogy „ha csak ennyi vagyonuk lenne", vagy „ha egészségesek és szépek lennének", vagy „ha csak ez a kapcsolat működne", *akkor* boldogok lennének. Ez a gondolkodásmód korlátozott boldogsághoz vezet bennünket a fizikai kényelem, a mentális elragadtatás, a pillanatnyi örömérzet vagy az elfogadottság és a szeretve lenni érzése által. Talán észre sem vesszük, hogy egy egész életet leélünk olyan dolgok kíméletlen hajszolásával, mint a gazdagság és a társadalmi helyzet.

Sajnos, ha így gondolkodunk, összetévesztjük azokat a feltételeket a valódi boldogsággal, amelyek csupán pillanatnyi vigaszt vagy örömet okoznak. Lehet, hogy annyira ezekre a másodlagos feltételekre összpontosítunk, hogy a szűklátókörűség csapdájába esve, nem látjuk az elsődleges feltételeket. Fontos különbséget tenni a következők között:

- Elsődleges feltételek – a hozzáállásunk
- Másodlagos feltételek – pénz, kapcsolat, egészség, szépség

Előfordulhat például, hogy nem értékeljük azt az igazi boldogságot, amelyet akkor érhetünk el, ha teljesen részt veszünk, és elmerülünk egy tevékenységben, amelyet értelmesnek találunk. Figyelmen kívül hagyhatjuk azt a boldogságot és elégedettséget, amely az egyszerű dolgok iránt érzett hálából és annak öröméből fakad.

Mélyebb szinten a boldogság attól függ, hogy milyen mélységben értjük az életet és minden körülményt, amellyel szembesülünk. A bölcs szemlélet lehetővé teszi számunkra, hogy belássuk, nem várhatjuk el, hogy az élet könnyű vagy sikeres legyen, vagy hogy a kemény munkával szükségszerűen nyerünk valamit. Hiszünk abban, hogy keményen tudunk küzdeni, és el tudjuk érni azt, amit elterveztünk, bármit jelentsen is a siker számunkra, de általában nem fogadjuk el, ha a dolgok nem a tervek szerint haladnak. Még ha kudarcot is vallunk, fontos számunkra az igyekezet, és talán erőfeszítéseinkből jelentős előnyök származnak. Ha képesek vagyunk alaposan mérlegelni, akkor sokkal felkészültebben fogadhatjuk a legrosszabb dolgokat, bármilyen szerencsétlenség vagy bánat is érjen bennünket.

Ezen kívül tudatában lehetünk annak, hogy ennek az életnek az igazi célja az elfogulatlan együttérzés fejlesztése, mások segítése és valódi önmagunk elfogadása, ahelyett, hogy ragaszkodnánk egy olyan képhez, amelynek igyekszünk megfelelni.

Ez természetesen olyan lelkiállapothoz vezet, amikor már nem vagyunk elégedetlenek, és önimádatunk nagymértékben csökken. Az önimádat nem azt jelenti, hogy különösen önző emberek vagyunk. Inkább azt jelenti, hogy nem tartunk másokat olyan fontosnak, mint magunkat, vagy mások elé helyezzük magunkat. Az önmagunk előtérbe helyezése normális, mélyen bevett szokás, így mások egyenlőnek tartása önmagunkkal általában szorgalmas gyakorlást igényel.

Végül a boldogság legerősebb és valódi oka az a képesség, hogy elfogulatlan módon kifejlesszük az őszinte szerető kedvességet és együttérzést. Egy ilyen lelkiállapot a boldogság valódi alapja mindenki számára, függetlenül a körülményektől. Felfedezzük, hogy ha más emberek boldogságára összpontosítunk, természetes módon leszünk boldogok, míg a saját boldogságunkkal való törődés elvárásaink csalódásához és kudarcához vezethet. Ha elérjük a szeretet és az együttérzés legmélyebb szintjét, akkor bárhová is megyünk, otthon fogjuk érezni magunkat. Képesek leszünk mély együttérzést és toleranciát érezni mindenki felé, akivel találkozunk, hozzáállásuktól és cselekedeteiktől függetlenül, a gondtalanság és nyugalom teljes érzésével. Általában, még ha rendelkezünk is a kedvesség és együttérzés valamilyen formájával, az még mindig korlátozott vagy részleges, bizonyos fokú ragaszkodással, önzéssel vagy önimádattal fűszerezve. Ha viszont feltétel nélküli módon fejlesztjük ki a szeretetet és az együttérzést, akkor a boldogságunk olyan erős és biztos lehet, hogy az olyan érzéseknek, mint a szomorúság, a depresszió, a magány és a stressz, sokkal kevesebb esélyük lesz felmerülni. Végső soron e feltétel nélküli együttérzés alapja a megvilágosodott vagy eredendően bennünk lakozó „önzetlen" természetünk, és még a korlátozott együttérzés is közelebb visz minket ehhez.

A TUDAT FONTOSSÁGA

Semmi sem jó vagy rossz önmagában, csupán a gondolkodás teszi azzá.
— William Shakespeare —

∼

Ugyanúgy, ahogyan azt gondoljuk, hogy boldogságunk a külső körülményektől függ, abba a csapdába eshetünk, hogy azt hisszük, a boldogtalanságot is a külső körülmények határozzák meg. Boldogtalanságunkért okolhatjuk a pénz hiányát, vagy ha van elég pénzünk, akkor azt, hogy nincs időnk nyaralni mert túl keményen dolgozunk. Hibáztathatjuk a főnökünket, aki nem tisztel minket, vagy a társunkat, aki nem szeret minket eléggé. Boldogtalanságunkat azonban nem külső események okozzák, hanem a tudatunk.

Amikor elkezdtem írni ezt a könyvet, egy új házba költöztem. Úgy éreztük, többet fizettünk, mint kellett volna, és néhány nappal később a melegvíz-rendszer meghibásodott, vagyis a tél közepén hidegvizes zuhannyal kellett túlélnünk. Könnyű volt bosszankodni és önmagunk sajnálata körül forogni. A körülményeinket átgondolva azonban képesek voltunk más szemszögből látni a helyzetet. Rájöttünk, hogy valójában nagyon szerencsések vagyunk, hogy saját otthonunk és folyóvizünk van, mivel a világon sok embernek még tiszta ivóvize sincs. Ha ebből az új szemszögből nézzük a problémánkat, és értékeljük azt, amink van, és nem azt, ami nincs, akkor láthatjuk, milyen kis szerencsétlenségről van szó.

Ez a példa valóban meglehetősen triviális ahhoz a sok kihíváshoz képest, amellyel szembe kell néznünk. Hogy még egy példát mondjak, nemrégiben életem legkedvesebb embere, édesanyám elhunyt. Ráadásul többen, akikhez nagyon kedves voltam, és akikben mélyen megbíztam, megpróbáltak ártani nekem, legjobb segítő szándékom ellenére. Eleinte rendkívül megdöbbentem. Úgy éreztem, mintha az egész világom a feje tetejére állt volna, mintha mindent elveszítettem volna, és az egész életem munkája semmit sem érne. Amikor azonban minden rossz dolgot figyelembe vettem, ami történt, rájöttem, hogy a helyzetem valójában nem is olyan rossz. Még mindig megvolt az egészségem és a becsületem, még mindig biztonságban éreztem magam, és még mindig voltak körülöttem olyan emberek, akik törődtek velem, és vigyáztak rám.

Amikor más tapasztalataimra gondolok, megértem, hogy a szerencsétlenség gyakran hoz váratlan lehetőségeket. Ha megengedjük magunknak, hogy ilyen pozitív fényben lássuk az eseményeket, akkor az nagymértékben hasznunkra válhat a hála gyakorlása által. E különleges helyzet által például megtanultam néhány fontos dolgot magamról, amelyeket a jövőben is tudok alkalmazni. És ez meg is erősítette néhány kapcsolatomat a hozzám közel állókkal.

Ha megtanuljuk más szemszögből nézni a dolgokat, akkor értékelni tudjuk mindazt, amink van, mint például a folyóvizet, és rájövünk, hogy ha rövid ideig nincs melegvízünk, valójában nem olyan nagy baj. Megtanulhatjuk felismerni és elfogadni azt is, hogy a szerencsétlenség mindannyiunk életének természetes és elkerülhetetlen része. Elsőre valami szerencsétlenségnek tűnhet, de valójában értékes dolgokat tanulhatunk belőle. Ily módon egy ellenünk forduló barát, egy szeretett személy halála vagy valaminek az elvesztése, amiért keményen dolgoztunk, nem feltétlenül okoz boldogtalanságot. Annak ellenére, hogy erős szomorúságot érezhetünk, ha megtanuljuk elfogadni a nehéz helyzeteket, miközben fenntartjuk a szilárd és kiegyensúlyozott szemléletet, akkor sokkal kevesebb szenvedést fogunk tapasztalni.

Ahogy Őszentsége, a Dalai Láma kifejti, alapvetően a boldogság valódi okai a tudatunkban kereshetők:

Nyilvánvaló, hogy a külső körülmények hozzájárulhatnak az ember boldogságához és jólétéhez, de végső soron a boldogság és a szenvedés a tudaton és annak érzékelésén múlik.

A SZENVEDÉS ÉS ANNAK OKAI

Szinte minden kultúra nagy filozófiái elvezetnek bennünket ahhoz a közös elképzeléshez, hogy ha őszintén nézzük a helyzetünket, arra a következtetésre kell jutnunk, a boldogság nem az élet eredendő vagy természetes állapota – ezért ugyanolyan fontos elfogadni az élet "sötét" oldalát, mint értékelni az élet „fényét". Sajnos nagyon könnyű azt gondolnunk, hogy „jogunk" van a valódi boldogság eléréséhez, ezért elvárjuk, hogy megtaláljuk azt. Ez a szemléletmód azonban mindig csalódáshoz vezet.

A boldogság elérésének első lépése, ha tudjuk, hogy a szenvedés az élet elkerülhetetlen része. Nézzünk körül, és gondoljunk azokra az emberekre, akiket fontosnak tartunk. Születésüktől kezdve, minden másodpercben öregszenek, és közelednek a halálhoz. Nem tudjuk, kinek lesz hosszú vagy rövid élete, beleértve önmagunkat is. A betegség és a halál figyelmeztetés nélkül bármikor eljöhet, és még a világ legjobb orvosi ellátása mellett sem tehetünk semmit. Szinte minden tapasztalásunk tartalmazza a szenvedés valamely elemét – nem kapjuk meg, amit akarunk, megkapjuk, amit nem akarunk, elválunk azoktól az emberektől, akiket szeretünk, vagy talán szeretünk valakit, aki nem igazán törődik velünk. Még az is lehet, hogy csak általános elégedetlenség-érzetünk van, amit nem tudunk levetkőzni, ami miatt megkérdőjelezzük a körülöttünk lévő összes szabályt. A jó körülmények is idővel megváltoznak, nem számít, hogy milyen életszakaszban vagyunk.

Megérthetjük, hogy a szenvedés elkerülhetetlen, ha elfogadjuk, hogy bár születésünktől halálunkig keményen küzdünk, soha nem leszünk képesek tartós boldogságra lelni. Ha az élet nem járna szenvedéssel, hanem „semleges" lenne, akkor a legtöbb ember rátalálna a valódi boldogságra, hiszen mindenki a születésétől haláláig a boldogságra törekszik. Ez azonban nem így van, és ritkán találni olyat, aki tényleg elérte a valódi boldogságot, ezért ha a boldogság valamely formájára lelünk, ahelyett, hogy természetesnek vennénk, meg kell tanulnunk igazán értékelni, sőt rácsodálkozni. Fel kell ismernünk, hogy a boldogság megtalálása egy szenvedéssel átitatott életben olyan, mint egy vízesést találni a sivatag közepén!

Azonban nem azt mondom, hogy mivel a szenvedés az élet ilyen elkerülhetetlen része, csak el kell fogadnunk a sorsunk részeként, hiszen nincs módunk rajta felülkerekedni. Ha betegek vagyunk, orvoshoz fordulunk, aki elmondja, miért vagyunk betegek, és gyógyszert ad nekünk, amely remélhetőleg segít. Hasonlóképpen, ha felismerjük a szenvedést annak ami, mélyen elgondolkodhatunk a szenvedéshez és a boldogsághoz vezető okokról és feltételekről. Gyakran annyira ragaszkodunk az átélt boldogsághoz vagy szenvedéshez, hogy meggyőződésünk, ez a jó vagy a rossz szerencsének köszönhető. Ritkán gondolkodunk el azon, hogy megpróbáljuk azonosítani az okot annak megváltoztatása érdekében. Ezért a legbölcsebb dolog a probléma gyökerét vagy forrását nézni, mint ahogy az orvos teszi, aki azonosítja a betegség okát.

Ez elvezet minket a kérdéshez, hogy mi a kiváltó oka minden szenvedésünknek és elégedetlenségünknek. Mivel a boldogságot és a szenvedést nem közvetlenül a külső események okozzák, mint azt gyakran gondoljuk, hanem sokkal inkább az, hogy a tudat hogyan reagál a külső eseményekre, ezért mondhatjuk, hogy szenvedésünk forrása a merev vagy nem bölcs gondolkodás. Amikor nem fogadjuk el a körülöttünk lévő történéseket, bezárkózunk a negatív gondolatok és érzelmek, mint a harag, a kapzsiság, a büszkeség, a féltékenység vagy a félelem ketrecébe. Ezek az érzelmek átveszik az irányítást felettünk, megerősítve negatív gondolatainkat. Ez a körforgás addig fog folytatódni, amíg végre el tudjuk engedni ezeket a negatív érzelmeket, és helyüket felváltja az egészséges, pozitív gondolkodásmód és érzés.

Másképp fogalmazva, a szenvedés és az elégedetlenség attól függ, hogy a tudat milyen makacsul ragaszkodik ahhoz az elvárásához, hogy az élet egy meghatározott módon fog zajlani. Mivel hajlamosak vagyunk annyira nagy jelentőséget tulajdonítani a külső eseményeknek, ezért vagy ragaszkodunk hozzájuk, vagy eltaszítjuk őket, és ez az a hozzáállás, ami korlátozza boldogságunk szintjét.

Ennek ismeretében lehetséges-e tartós boldogságot elérni? A válasz határozott „igen", mert a boldogság az okoktól és a körülményektől függ, ahogy már megbeszéltük. Különösen a bölcs, rugalmas tudat működésétől függ, amelyet nem nyomasztanak az elvárások, valamint az olyan egészséges gondolatoktól és cselekedetektől, mint az elfogulatlan szeretet és az együttérzés. Ez a valódi együttérzés természetes módon fejlődik, ha olyan tulajdonságokat fejlesztünk ki, mint az etikus magatartás, a szorgalom és a bölcsesség.

Mivel a boldogság és a szenvedés egyaránt bizonyos okoktól függ, ha elhagyjuk a szenvedés okait és a boldogság okait választjuk, akkor teljesen biztosak lehetünk abban, hogy boldogabbak leszünk, és végül elérjük az örök boldogság érinthetetlen állapotát. Ekkor olyanná válunk, mint az óceán, amely a mélyben nyugodt, ha a felszínen viharosan hullámzik is. Bár ez nem könnyű feladat, ha a szenvedés minden okát teljesen felszámoljuk, akkor a boldogtalanság már nem lehetséges!

Ennek a könyvnek az a célja, hogy megtanuljuk, hogyan győzhetjük le a szenvedés okait, miközben erényes cselekedeteket fejlesztünk ki annak érdekében, hogy elérjük a végső boldogság állapotát. Hogy ezt hogyan tudjuk megvalósítani, azt fogjuk megvizsgálni az egyes fejezetek során.

ŐSI BÖLCSESSÉG, MODERN VILÁG

Tovább mélyíthetjük a boldogság valódi okainak megértését, ha megvizsgáljuk a nyugati és a keleti filozófia néhány meglátását, valamint a modern pszichológia és idegtudomány felfedezéseit.

Amit eddig tárgyaltam, azt jelentősen befolyásolja a buddhista szerzetesi szemléletem, azonban a nagy nyugati filozófusok közül szintén sokan állítják, hogy a boldogság bármilyen fajta eléréséhez el kell fogadnunk a szenvedés[4] valóságát, és fel kell ismernünk, hogy a bölcsebb gondolkodás segíthet felülkerekedni rajta. Seneca, a dekadens római császár, Nero oktatója első kézből látta a harag és a büszkeség következményeit. Tapasztalatai alapján beszélt az irreális elvárások veszélyeiről, amelyek elhitetik velünk, hogy sok dolog tisztességtelen vagy csalódást okoz, és így frusztrációhoz és szenvedéshez vezet.

Szókratész, aki azt állította, hogy egy „át nem gondolt életet nem érdemes élni", hangsúlyozta a logikus érvelés fontosságát, hogy az olyan gyakran hangoztatott feltételezéseket, mint a „gazdagság tesz minket boldoggá" - megkérdőjelezzük. Epikurosz eközben azt javasolta, hogy a boldog élet okai a társaságból, az egyszerűségből és a jól megvizsgált életből erednek; ha túl nagy hangsúlyt fektetünk az öröm keresésére, az mindig elégedetlenséghez vezet.

A modern pszichológia egyetért ezekkel az általános elvekkel. Közösségünkben sokan szenvednek depresszióban. A depresszió kezelésének egyik módja a kognitív viselkedésterápia[5], amely abban segíti az embereket, hogy tudatosítsák negatív gondolataikat és érzékeléseiket, majd helyettesítsék be azokat racionálisabb gondolatokkal, amelyek jobban tükrözik a helyzet valóságát. Például azt gondolhatjuk, hogy értéktelenek vagyunk, ha hibázunk, és ez a feltevés feledteti velünk, hogy senki sem tökéletes, és hogy az értéktelenség érzete valóban belülről fakad. Ez a fajta terápia ugyanolyan hatékonyan segíthet néhány depressziós embernek, mint a gyógyszeres kezelés, és alkalmazható a különféle haszontalan gondolkodási szokásból fakadó romboló érzelmek legyőzésére, mint például a harag, a bűntudat és a szorongás. Lehetővé teszi a betegek számára, hogy felismerjék negatív gondolkodási szokásaikat, a rendszeres mentális tréning fegyelme segíthet nekik legyőzni ezeket és tisztábban látni helyzetük valóságát.

Bár a modern pszichológia főként a mentális betegségek megértésére és kezelésére összpontosít, az elmúlt években sok kutatást végeztek azokról a tényezőkről is, amelyek a jóllétünket okozzák, és amelyekkel sokkal magasabb szintű boldogságot érünk el. A „pozitív pszichológia" ezen a területen, amely a pozitív mentális állapotok művelésére összpontosít, feltárta, hogy a boldogságnak három alapvető összetevője van: az öröm, az életigenlés és az élet értelmének vagy nagyobb céljának megtalálása. E három összetevő közül, a kutatások kimutatták, hogy az öröm messze a legkevésbé fontos oka a boldog és elégedett életnek. Elég sok olyan készséget gyakorolhatunk, amelyekkel növelhetjük az életigenlést és az élet értelmét, mint például „a napi hálaadás", vagy ha nagylelkűen cselekszünk mások jelenlétében.

A boldogság kérdését vizsgáló nagyszámú pszichológiai tanulmány közül szeretnék megemlíteni egy különösen érdekeset (Philip Brickman végezte 1978-ban). Sokan arról álmodoznak, hogy megnyerik a lottót, és azt gondolják, hogy ha ezt a pénzt megnyernék, a boldogság az övék lenne! A lottónyerteseket tanulmányozó pszichológusok azonban úgy találták, hogy egy évvel a nyerés után általában nem voltak boldogabbak[6], mint korábban. Azokat az embereket is megkérdezték, akik valamilyen baleset következtében mozgásképtelenné váltak. Minden kétséget kizáróan egyetértek azzal, hogy ez szörnyű dolog, és a legtöbb mozgásképtelen ember bevallotta, hogy a balesetet követő első hónapban legalább egyszer gondolt arra, hogy megöli magát, azonban egy évvel a baleset után a legtöbben olyan boldogok voltak, mint a lebénulás előtt; valójában a legtöbben olyan boldogok voltak, mint a lottónyertesek egy évvel a lottó megnyerése után. Ez a tanulmány egyértelműen azt mutatja, hogy sem a boldogság, sem a boldogtalanság nem függ a külső feltételektől. A boldogság önmagunkból fakad, és attól függ, hogyan érzékeljük helyzetünket.

Hisznek a tudósok abban, hogy a tartós boldogság elérése mindenki számára lehetséges? A neurológusok azt találták, hogy az agy hihetetlen képességgel rendelkezik a változásra, amikor sajátos gondolkodásra neveljük magunkat, ez az úgynevezett neuroplaszticitás. A kísérletek kimutatták, hogy ha egy személy nagy figyelmet fordít a látottakra vagy a tettekre, akkor az agy azon területei, amelyek vizuális jeleket fogadnak vagy mozgást regisztrálnak, nagyobbak lesznek. Például, ha sok éven át hegedülünk, akkor az agy azon területe, amely szabályozza az ujjak mozgását[7], megnő. Hasonlóképpen, ha sok időt fordítunk a szeretetre és az együttérzésre[8], az agy számos területe megváltozik, különösen a bal oldali homloklebenyben. A legtöbb tudós úgy vélte, hogy mindenki rendelkezik egy „boldogság-készlettel", egy bizonyos boldogsági szinttel, amelyet, ha egyszer felnőtté váltunk már nem tudunk megváltoztatni.[9] Mostanra, a számos új kutatásnak köszönhetően, a tudósok felfedezték, hogy az agy bármilyen életkorban átalakítható.

Ezért kortól függetlenül képesnek kell lennünk arra, hogy képezzük magunkat boldogságunk növelése érdekében, amennyiben ismerjük a boldog élethez szükséges feltételeket.

MÁSODIK FEJEZET

A Boldogság Feltételeinek Felfedezése

Mindannyian eredendően rendelkezünk a boldogság lehetőségével, mégis tisztában kell lennünk a sajátos feltételekkel, amelyek e lehetőség felfedezéséhez vezetnek. Említettük, hogy a boldogság a tudaton múlik, nem pedig a külső eseményeken, továbbá, hogy számos októl és körülménytől függ, gondolkodásunkhoz és cselekvéseinkhez mérten. Most alaposan megvizsgáljuk, mik ezek a boldogság alapvető feltételei, amelyek az életmódtól vagy életszakasztól függetlenül érvényesek. Kezdetben megvizsgáljuk az alapvető emberi szükségletek kérdését.

ALAPVETŐ EMBERI SZÜKSÉGLETEK

Először is el kell ismernünk, hogy vannak alapvető emberi szükségletek, amelyeket legtöbbünknek ki kell elégíteni, mielőtt a boldogság magasabb dimenzióit szemlélhetnénk. Bizonyos, nagyon fejlett egyének a külső körülményektől függetlenül elérhetik a boldogságot, például néhány jógi, láma vagy remete, akik a Himalájában élnek. Képesek elérni a boldogságot annak ellenére, hogy sokszor kevés az élelmük, nagyon egyszerű a szállásuk és néha évekig az emberi kapcsolatok híján vannak. Ez csak évekig tartó szorgalmas spirituális gyakorlattal valósítható meg. Többségünknek azonban az alábbi szükségleteket kell kielégítenie:

1. **Túlélési Szükségletek**

   Ez magában foglalja az olyan dolgokat, mint az étel, a víz és a menedék. Ezek nélkül a legtöbb ember lehetetlennek tartja, hogy tudatát magasabb szintű tevékenységekre összpontosítsa.

2. **Biztonság**

Annak ellenére, hogy nincs garancia a teljes biztonságra, bárhol is vagyunk a világon, alapvető védelmet kell biztosítanunk az elemektől - például a tűz és vihar elleni védelem -, valamint annak a biztonsága, hogy más lények ne ártsanak vagy öljenek meg minket.

3. **Kapcsolattartás és Kommunikáció**

Ha értelmesen szeretnénk részt venni a társadalomban, akkor valamilyen formában kommunikálnunk kell másokkal. Ez történhet másokkal közvetlenül vagy írott szöveg formájában. A kommunikáció képessé tesz bennünket a tanulásra, és útmutatást nyújt számunkra. Kommunikáció nélkül rendkívül nehéz elérni valamit, ami hatással van vagy előnyös a társadalom számára, célunktól függetlenül.

4. **Szabadság**

Rendkívül fontos megérteni, hogy a szabadságnak különböző típusai léteznek - külső és belső szabadság. A boldogság még akkor is lehetséges, ha nincsenek olyan külső szabadságjogok, mint a szólásszabadság vagy az egészségügyi ellátáshoz való hozzáférés lehetősége. E szabadságok hiánya azonban megnehezítené a számunkra fontos dolgok elérését. Másrészt a belső szabadság, amely szabadságot jelent saját érzelmeinktől és vágyainktól, feltétlenül szükséges a boldogsághoz. Ezt később részletesebben elmagyarázom.

5. **Elismerés és Tisztelet:**

Nem a hírnévre vagy a hírességekre gondolok, inkább az egyéniség elismerésére, és a független emberként való tiszteletre. Ez azt jelenti, hogy nem egyszerűen tárgynak vagy árucikknek tekintenek minket. Ha demokratikus országban élünk, akkor valószínűleg már rendelkezünk az egyéni emberi jogokkal és tisztelettel.

Ha ezen alapvető szükségletek mindegyike kielégítésre kerül, akkor mindenki mással együtt lehetőségünk van arra, hogy nagy boldogságot érjünk el. Bár meglepőnek tűnhet, valójában nincs szükségünk többre. Ha már olyan szerencsések vagyunk, hogy ezeket az alapvető szükségleteket kielégítjük, de nem ismerjük fel vagy nem értékeljük őket, akkor nem tudjuk maximálisan kihasználni azt az értékes lehetőséget, amellyel boldog emberré válhatunk. Ha ennél többre törekszünk, akkor boldoggá válhatunk, de törekvéseink vissza is üthetnek, és bonyolultabbá tehetik helyzetünket, vagy frusztrációhoz vezethetnek.

Szükségletek és vágyak

A fent említett öt alapvető szükséglet mind a túléléshez, mind a boldogsághoz szükséges kedvező feltételek eléréséhez szükségesek — külsőleg és, ami még fontosabb, belsőleg is. Valójában ezek elengedhetetlenek a boldogsághoz. Ezeket az alapvető szükségleteket azonban csak alapvető módon kell kielégíteni, és ezért fel kell ismernünk a szükségletek és a vágyak közötti különbséget. Mit akarok ezzel mondani? Ha a luxusra törekszünk, és egyre több külső dologhoz próbálunk ragaszkodni, örömöt vagy elégedettséget tapasztalhatunk ugyan, de fokozatosan elveszítjük belső fókuszunkat, és ezért egyre nehezebben leszünk igazán boldogok.

Csak vízzel, kenyérrel és néhány zöldséggel túlélhetünk, de általában sokféle italt és ételt szeretnénk. Öltözködésünkhöz elég lehet néhány szerény ruha, de ehelyett talán egy egész szekrény divatos ruhát vásárolunk, hogy megerősítsük énképünket. Menedék és védelem érdekében gyakran olyan luxus házat szeretnénk, amely több szobával rendelkezik, mint amennyire valóban szükségünk van. Más anyagi dolgok hajszolása, mint például a legújabb autómodell, amelyről évek óta álmodunk, több nehézséget is okozhat, és eltéríthet minket a boldogságtól.

A kommunikációnak és az információgyűjtésnek is sokféle módja van - mobiltelefonok, internet, televízió és újságok, hogy csak néhányat említsünk. Ahogy hozzászokunk ezekhez a dolgokhoz, könnyen elégedetlenné válhatunk, ha az elvárások nem teljesülnek. Ezen kívül sokunkat elkap az a kényszeres törekvés, amelyet jobb életnek tartunk, hosszú órákat dolgozunk, sőt eladósodunk e „jobb élet" finanszírozása érdekében. Ha ehelyett úgy döntenénk, hogy egyszerűsítjük az életünket, és elfogadunk egy alacsonyabb jövedelmet, akkor több szabadidőnk lehetne, hogy olyan dolgoknak szenteljük magunkat, amelyek sokkal nagyobb értelmet adnak az életünknek.

Gyakran nem elégszünk meg azzal, ha csak emberi lényként ismernek el bennünket, ehelyett azt akarjuk, hogy különlegesnek, másoknál többet érőnek tartsanak minket. Szeretetre és elfogadásra törekszünk, és szeretnénk, ha partnerünk, családunk, barátaink és közösségünk nagyra tartana bennünket, és szeretnénk, ha azok, akikről gondoskodunk, nagyra értékelnének minket. Ezen felül nagyon erős késztetést érzünk, hogy szerelembe essünk, amely legtöbbünk számára hatalmas ragaszkodással keveredik. Ez féltékenységhez, neheszteléshez vagy akár szívfájdalomhoz vezethet, ha a dolgok nem úgy alakulnak, ahogy vártuk. Ezért igazán őszintének kell lennünk, és mindig emlékeztetni kell magunkat arra, hogy nagy bánat rejtőzhet a romantikus szerelem árnyékában, és nem biztos, hogy mindig szükségünk van rá ahhoz, hogy boldogok legyünk.

Bár azt gondolhatjuk, hogy a pénz boldoggá tesz minket, ez sem feltétlenül van így. Igaz, pénzre van szükségünk a túléléshez, de az, hogy mit tekintünk elegendőnek, az a hozzáállásunktól függ. Sokan ismerünk gazdag embereket, akik sokkal kevésbé boldogok, mint a szerény jövedelműek, és a fent említett lottónyertesek esete ezt alátámasztani látszik.

Ezért, amikor azt tapasztaljuk, hogy több pénzt akarunk, vagy indokolatlanul kísértenek az anyagi javak, vagy elkap minket a vágyakozás szinte minden formája, fontos elgondolkodni azon a kérdésen, hogy valójában mire van szükségünk? Hamarosan rájövünk, hogy hosszú távon boldogabbak leszünk, ha megértjük a szükségletek és a vágyak közötti különbséget, majd ennek megfelelően egyszerűsítjük az életünket.

ÖRÖM VAGY BOLDOGSÁG

Az emberek gyakran azt gondolják, hogy a boldogság az izgalom vagy az öröm érzését jelenti. Izgalmat tapasztalunk például, amikor megvásároljuk első autónkat vagy házunkat, összeházasodunk vagy nyaralni megyünk. Örömet tapasztalunk, ha kedvenc hobbinkat végezzük, strandra vagy moziba megyünk, vagy a barátainkkal töltünk időt. Ezt a pillanatnyi örömérzetet összetéveszthetjük a boldogsággal. Ez a fajta „boldogság" azonban természeténél fogva rövid és nagyon bizonytalan, mivel pusztán külső ingerre támaszkodik. Ha ezt a külső ingert eltávolítjuk, ez a boldogságérzet eltűnik.

Bár nincs semmi baj az öröm megtapasztalásával, elengedhetetlen, hogy tisztában legyünk azzal, ez csak a boldogság legfelszínesebb szintje. Ha az öröm rabjává válunk, megakadályozzuk, hogy hozzáférjünk a boldogság mélyebb részeihez.

A boldogság tartósabb fajtája az, amely a mentális képességek eléréséből és az adottságok fejlesztéséből fakad. Ide tartozik az ösztöndíj, a tudomány, a sport, a művészet vagy a vallási gyakorlat révén szerzett elégedettség. Ez magában foglalhatja egy új találmány megalkotását vagy a mélyen belemerülést valamibe, ami iránt elkötelezettek vagyunk. Ez hasonló ahhoz a boldogság-típushoz, amelyet akkor tapasztalunk, amikor az „áramlás"[10] állapotában vagyunk, ami akkor következik be, amikor teljesen részt veszünk a számunkra élvezetes munkában vagy tevékenységben. Ez akkor fordul elő, amikor annyira elmerülünk abban, amit csinálunk, hogy egyszerűen nincs esély az unalom kialakulására. Mivel élvezzük, és megfelelően állunk hozzá, sokkal kisebb az esély a szomorúságra vagy a szorongásra.

Mindkét fajta boldogság tartósabb, mint az, amely teljes mértékben külső benyomásra támaszkodik, mivel ezek részben belülről fakadnak, és mentális hozzáállásunkon alapszanak. Az ilyen típusú boldogság azonban még mindig nem teljesen tartós. Például mi van akkor, ha az ösztöndíjas bármilyen okból elveszíti hozzáférését az erőforrásokhoz? Vagy a tudós nem tudja folytatni kutatásait finanszírozás hiányában? Ha boldogságának ez az egyedüli forrása, akkor akár reménytelenségbe is zuhanhat.

Ez ismét megerősíti, hogy a valódi boldogság nem függ semmilyen külső ingertől vagy feltételtől. Teljesen stabil, mivel ez egy belülről fakadó érzés - ezt az érzést a bölcsesség, az együttérzés és az a tudat jellemzi, hogy az élet mély jelentéssel teli és értelmes. Ha valódi együttérzéssel és bölcsességgel rendelkezünk, akkor ezek a tulajdonságok mindig bennünk vannak, és függetlenek a külső feltételektől. Ez azonban nem azt jelenti, hogy tartózkodni kell azoktól a tevékenységektől, amelyek pillanatnyi örömet okoznak nekünk, hanem inkább azt, hogy bizonyosodjunk meg arról, hogy minden, amit teszünk, mélyebb jelentéssel és céllal kapcsolódik össze. Az ilyen ismeretekkel rendelkező személy elérheti azt a szintet, amikor már nem függ a külvilág hatásaitól. Az ilyen boldogsággal rendelkező ember teljesen szabad.

EGÉSZSÉGES MENTÁLIS TULAJDONSÁGOK

Említettük, hogy nem számít milyen jók is a külső körülményeink, soha nem leszünk igazán boldogok, ha nincsenek jelen bizonyos egészséges mentális tulajdonságok. Ezek a mentális tulajdonságok mélyen a szívből fakadnak, és ha fejlesztjük őket, az érett, mély és gazdag jellem alapját képezik. Ezek a tulajdonságok igazodnak ahhoz, amit életünkben a legjobban értékelünk, amire emlékezni szeretnénk. Emellett támogatják és értelmet adnak életünknek a kihívásokkal teli időkben.

Ezen egészséges tulajdonságok lényegét a világ szinte minden jelentős vallási és kulturális hagyománya alátámasztja. A hagyományoktól függetlenül a megértés vagy az érettség különböző szintjei léteznek, amelyekkel ápolhatjuk és gyakorolhatjuk ezeket a tulajdonságokat. Fontos megjegyezni, hogy ezek a mentális tulajdonságok nem egy cél elérését jelentik, hanem inkább egy olyan irányt mutatnak, amelyen tovább kívánunk haladni. Például, ha arra törekszünk, hogy másokkal empatikusak és törődőek legyünk, az egy folyamatos elkötelezettséget jelent, amely befolyásolja hogyan éljük le az életünk hátralevő részét. Ez nem olyasmi, amit elérünk, majd elfelejtünk.

Ha elkötelezzük magunkat az egészséges szellemi tulajdonságok ápolása mellett, kapcsolatba lépünk legmélyebb értékeinkkel, és ezért mindig lesz bizonyos fokú boldogság és értelem az életünkben. Minden alkalommal, amikor ezeket az egészséges tulajdonságokat a gyakorlatba ültetjük, biztosak lehetünk abban, hogy olyan magot ültetünk el, amely végül a valódi boldogság elérését jelenti. Hasznos e tulajdonságok ápolására az ok -okozat folyamataként tekinteni - a jó mag jó eredményhez vezet, míg a rossz mag rossz eredményhez. Bizonyos emberek azt tapasztalják, hogy ezen tulajdonságok némelyike természetesen működnek náluk, mint másoknál. Ez hasonló a modern pszichológia[11] „karaktererősségeinek" elképzeléséhez, amelyek olyan jó jellemvonásokat tartalmaznak, amelyek segíthetnek abban, hogy gazdag és tartalmas életet teremtsünk, ha úgy döntünk, hogy rájuk összpontosítunk.

Az egészséges tulajdonságokat, amelyeket ápolnunk kell, közvetlen és közvetett kategóriákba soroljuk. A közvetett tulajdonságok hozzájárulnak boldogságunkhoz azáltal, hogy valamilyen módon javítják külső körülményeinket, míg a közvetlen tulajdonságok azonnali boldogsághoz vezetnek. Bár nehéz, mégis lehetséges boldognak lenni a közvetett tulajdonságok nélkül, de soha nem érhetjük el a boldogságot a közvetlen tulajdonságok nélkül.

Mielőtt részleteznénk, mik ezek a tulajdonságok, meg kell említenünk a bölcsesség és az együttérzés fontosságát. A bölcsesség az alább felsorolt tulajdonságok kombinációja, és ezek egy része, de ezek felett is áll. A bölcsesség azonban nem azonos az intelligenciával, mivel nem a sok dolog tudását jelenti. Sokkal inkább arra a jó, gyakorlati megértésre vonatkozik, hogy mi az igazán fontos, és hogyan kell ezt alkalmazni a mindennapi életben.

Az együttérzés is feltétlenül szükséges, ha a boldogság legmagasabb szintjeit szeretnénk elérni. A többi tulajdonság gyakorlása egy bizonyos szintre visz bennünket, de csak az együttérzés vagy az önzetlenség valódi szellemének ápolásával fedezhetjük fel végső lehetőségeinket. Mindenekelőtt együttérzésre és bölcsességre van szükségünk a boldogság eléréséhez.

E tulajdonságok gyakorlása során valószínű, hogy a hozzáállásunkat és tetteinket értékelni fogják, ami pozitív hatással lesz a körülöttünk élőkre. Azonban fordítva is igaz lehet, és azt tapasztalhatjuk, hogy egyesek negatívan reagálnak. Ez azért van, mert az önzetlenség felé vezető ösvényen járunk, és akik nem hasonló úton járnak, fenyegetve érezhetik magukat, vagy nem értik szándékainkat. Reakcióik kihívást jelenthetnek és ésszerűtlenek lehetnek, ha nem látják tevékenységünk célját. Ez a helyzet még több együttérzés kifejlesztésére sarkallhat minket annak érdekében, hogy megértsük a negatív reakciók forrását, valamint hogy a legügyesebb és legmegfelelőbb módon reagáljunk. Ekkor lehetőség nyílik arra, hogy a mindennapi életben gyakoroljuk spirituális fegyelmezettségünket.

A. Közvetett Tulajdonságok

A jellem erőssége

Ha erős vagy bátor jellemünk van, sok mindent elérhetünk az életünkben, és eredményeként örömöt és elégedettséget élhetünk meg. Aki nem rendelkezik erős jellemmel, nehezen tud dönteni és célokat elérni, ezért sokkal nehezebben fogja elérni a boldogságot.

Ambíció, lelkesedés és elszántság

Ezek olyan tulajdonságok, amelyek lehetővé teszik számunkra, hogy sok mindent elérjünk az életben. Ha nem világos az irány vagy nincs lelkesedésünk, akkor az önelégültségbe vagy a lustaságba fordulhatunk, és soha nem javítunk a saját vagy a mások helyzetén. Életünk ezért nagyon unalmassá válhat. Még akkor is, ha vannak ambícióink, de nincs erős akaratunk vagy elhatározásunk, könnyen elterelhetjük figyelmünket, és ezzel elpazaroljuk értékes időnket. Ne feledjük azonban, hogy a kemény munka nem jelenti azt, hogy életünk nehezebb lesz; a dolgok valójában sokkal könnyebbé válnak hosszú távon.

Bár egyesek túlzottan stresszesek lehetnek, ha túl ambiciózusak, ez mégis sokkal jobb helyzetbe hoz minket, mint a lustaság, és általa fokozatosan élvezni fogjuk a mindennapi kemény munka folyamatát, különösen, ha céljaink értelmesek. Ha az ambíciót jószívűséggel és bölcsességgel ötvözzük, garantálhatjuk a pozitív eredményeket a jövőben. Melegszívűség vagy önzetlenség nélkül nagy dolgokat érhetünk ugyan el, de ha nem vagyunk elég óvatosak a következmények negatívak lehetnek, ahogy azt a történelem során láthattuk a diktátorok felemelkedésekor, akik nagy kárt okoztak.

Átgondoltság, másokkal való törődés és empátia

Ezek a tulajdonságok segítenek a más emberekkel való jó kapcsolatok kialakításában és fenntartásában, ami fontos a saját boldogságunk szempontjából. Ezen kívül azt fogjuk tapasztalni, hogy ha kedvesek vagyunk másokhoz, nagyobb az esélye annak, hogy mások is kedvesek lesznek hozzánk - néha azonnal, vagy néha sok évvel később. Cselekedeteink érdeme minden bizonnyal növekedni fog, talán rejtett módon is, és a jótékony eredmények természetesen meg fognak jelenni. Senki sem érhet el teljes boldogságot, ha nem segít másokon.

Tisztelet mások iránt

Ha mindig tiszteletben tartunk vagy figyelembe vesszük másokat, akkor biztosan kevesebb problémánk lesz az emberekkel való kapcsolatainkban, és sokkal valószínűbb, hogy megőrizzük a békét és a nyugalmat. Mások tisztelete azt jelenti, hogy alázattal és előzékenyen cselekszünk, és hajlandóak vagyunk megérteni álláspontjukat, illetve átérezzük az ő korlátaikat, mindez természetes módon vezet a közelség, a szeretet és a harmónia érzéséhez a kapcsolatokban.

Türelem.

Ez fontos tulajdonság, de könnyen félreérthető, hogy milyen fajta türelmet kell fejleszteni. Ha cselekvéssel javíthatunk egy helyzeten, akkor nem jó hátradőlni és azt gondolni: „Most csak a türelmet fogom gyakorolni". Ez a fajta hozzáállás a lustaság vagy önelégültség egyik formája, nem türelem! A türelem azt jelenti, hogy képesek vagyunk kezelni vagy megbirkózni minden olyan helyzettel, amely nehézséget okoz, és toleránsak vagyunk, bármennyire is frusztráló; mégis rendelkeznünk kell a tudat jelenlétével, hogy ügyesen és megfelelően cselekedhessünk, ahelyett, hogy csak „feladnánk" vagy várakoznánk a megoldás keresésén való fáradozás nélkül.

B. Közvetlen Tulajdonságok

Önuralom

Ez feltétlenül szükséges ahhoz, hogy kezelni tudjuk érzelmeinket, különösen a negatív érzelmeket, például a haragot és a féltékenységet, kivéve, ha kivételes képességgel rendelkezünk ezen érzelmek építő jellegű felhasználására. Egyes kultúrákban az emberek hajlamosak elnyomni az őszinte érzéseket és érzelmeket, mert félnek, hogy durvának vagy udvariatlannak tűnnek, majd idővel ezek az elfojtott érzések irányíthatatlanul kiáradhatnak. Ezután ezek az emberek súlyos érzelmi kitörésekkel reagálhatnak, vagy úgy, hogy teljesen visszavonulnak és kihátrálnak minden kihívást jelentő helyzetből, ami sokkal rosszabb, mint a normális érzelmek cseréje. A kulcsfontosságú pont ezért az, hogy megtanítsuk magunkat elfogadni és kordában tartani az érzelmek egészséges és normális áramlását, nem pedig elnyomni azt. Az érzelmek, amelyeket megtanulhatunk uralni, magukban foglalják a haragot és a szomorúságot (amelyek akadálytalanul depresszióba fordulhatnak), valamint az irreális elvárásokat vagy vágyakat, mint például az irányíthatatlanul érzelmes szerelmet.

Hála

Ha egyik pillanatról a másikra hálát érzünk a körülöttünk lévő dolgokért, akkor szinte lehetetlen depressziósnak vagy boldogtalannak érezni magunkat. A legtöbb boldogtalanságunk nem a szerencsétlenségből, hanem a hála hiányából fakad, mivel ez beszennyezi a külvilágról alkotott felfogásunkat. Hála nélkül soha nem lehetünk boldogok, függetlenül a körülményektől.

Megbecsülés

Ez szorosan összefügg a hálával, hiszen ha hálásak vagyunk, természetesen értékelni fogjuk a dolgokat. Általában az emberek boldogtalanok, mert elfelejtik értékelni azt a sok jó dolgot, ami az életben van. Vannak, akik úgy döntenek, hogy torz megvilágításból szemlélik a világot, amelyben minden negatívnak tűnik, függetlenül attól, hogy valójában mi történik. Megbecsülés nélkül nem érjük el a valódi boldogságot. Ezért nagyon előnyös lehet, ha arra neveljük magunkat, hogy értékeljük az utunkba érkező szerencsét vagy lehetőségeket, bármennyire kicsinek is tűnnek.

Megelégedés

Amikor boldogságot tapasztalunk, elégedettséget tapasztalunk. Ez az elégedettség nem a külső feltételektől vagy a jóléttől függ, hanem inkább az elégedettség belső minőségétől. E minőség nélkül soha nem leszünk teljesen elégedettek - mindig azt fogjuk érezni, hogy többre van szükségünk. Azt is érezni fogjuk, hogy mások jobban járnak, mint mi, ami olyan káros érzelmek spiráljához vezet, mint a féltékenység és a kapzsiság. Az elégedettség ápolása azonban a boldogság ápolását jelenti. Vannak emberek, akik bizonyos fokú elégedettséggel rendelkeznek, és ezért számukra könnyebb fejleszteni ezt a tulajdonságot, míg másoknak szorgalmasabbnak kell lenniük. Mindazonáltal bizonyosan mindannyiunknak van mit felépíteni és gondozni.

Alázatosság

Az alázatos hozzáállás segít megtanulni tisztelni másokat és ápolni a szoros kapcsolatokat. Mint egy nyitott tartály vagy egy nyitott ajtó, sok más jó tulajdonságot is lehetővé tesz számunkra. A büszkeség és a gőg viszont olyan, mint egy fejjel lefelé álló konténer vagy egy csukott ajtó, mivel merev gondolkodásra vagy cselekvésre késztet, és elzár az új dolgok tanulásától. Ezért az alázat elengedhetetlen, ha tanulni akarunk másoktól, tisztelni akarunk másokat, jobban ki akarunk jönni egymással, és ha el akarjuk érni a valóság tisztább, együttérzőbb látásmódját.

C. Közvetlen és Közvetett Tulajdonságok

Önértékelés és önbizalom

Ezek a tulajdonságok közvetve felelősek a boldogságért, mivel szükségesek az életünk céljainak eléréséhez. Ezenkívül, ha jól érezzük magunkat, a tudatunk automatikusan boldogabb lesz! Ezért néha még az apró dolgoktól is, mint például egy szép ruha viselésétől vagy egy hajvágástól, jobban érezzük magunkat, így ezek hozzájárulhatnak önbizalmunkhoz.

Összpontosítás

Ha képesek vagyunk erőteljesen összpontosítani és nagyon odafigyelünk mindenre, amit teszünk, akkor könnyebben képezhetjük a tudatunkat az összes többi tulajdonságra. Ha figyelmesek vagyunk, vagy odafigyelünk arra, ami a jelenben ténylegesen történik, nem fognak megzavarni minket a felesleges gondolatok vagy a mentális fecsegés. Ezenkívül megtanulhatjuk megtapasztalni az „áramlás" vagy az elmélyülés állapotát számos tevékenységünk során, ami nagyobb örömet, hatékonyságot és termelékenységet eredményez. Minél sikeresebben tudjuk fenntartani a belső nyugalom állapotát, annál kevesebb szorongást fogunk tapasztalni. Idővel elménk tiszta, éles és erős lesz.

Megbocsátás

A megbocsátás közvetlenül kapcsolódik a boldogsághoz. Ha megtanuljuk a valódi megbocsátás képességét, akkor az elménket nem zavarhatja meg a harag vagy a neheztelés. Ez elősegíti a belső béke érzését. A megbocsátás közvetve is felelős a boldogságért, hiszen ha őszintén megbocsátunk az embereknek, akkor a kapcsolatunk biztosan harmonikusabbá válik.

A megbocsátás hasonló a türelemhez, mert bölcsen kell alkalmazni. Ez soha nem azt jelenti, hogy hagyjuk, hogy az emberek végigsétáljanak rajtunk. Minden olyan helyzetben, amikor valaki rosszat tesz velünk - bár döntő fontosságú, hogy mindig fenntartsuk a megbocsátást -, továbbra is aktívan próbálhatunk javítani a helyzeten. A megbocsátás nem jelenti azt sem, hogy elnyomjuk az olyan érzelmeket, mint a harag - elengedhetetlen, hogy először ismerjük el az esetleges haragot vagy neheztelést, amit érzünk, mert csak akkor történhet meg az igazi megbocsátás.

Nagylelkűség

A nagylelkűség közvetett hatása a másokkal való kapcsolataink javulása. Ezenkívül, ha nagylelkű a hozzáállásunk, és időt, energiát, tanácsot, anyagi javakat adunk másoknak, vagy akár bármilyen nagylelkű cselekedetet hajtunk végre, akkor semmiképpen sem érezhetjük magunkat boldogtalannak. A szívünk melegebb lesz, békésebbek és boldogabbak leszünk. Emlékeznünk kell azonban arra, hogy a mások iránti nagylelkűségünk nem veszélyeztetheti azt a képességünket, hogy szeressük és vigyázzunk magunkra. Létfontosságú, hogy erős önértékeléssel és önszeretettel rendelkezzünk, amely a mások felé érzett szeretet és a nagylelkűség kiterjesztésének alapja. E nélkül korlátozott lesz, hogy mennyit tudunk megosztani másokkal.

Együttérzés

Az együttérzés elengedhetetlen ahhoz, hogy valóban boldog életet élhessünk, kifejlesztésének módszereit részletesen ismertetjük ebben a könyvben. Az együttérzés azt jelenti, hogy bölcs módon törődünk másokkal és önmagunkkal, azzal az erős tudatossággal és felismeréssel, hogy mindannyian egyformán kívánjuk a boldogságot. A valódi boldogságot soha nem érhetjük el, ha más emberek kárára keressük, de minden bizonnyal elérjük, ha együttérzőek vagyunk másokkal. Döntő fontosságú azonban, hogy ez az együttérzés és törődés önmagunkkal kezdődjön, és ez magába foglalja a jó étkezést, a testmozgást és a nyugodt idő elkülönítését a „feltöltődés érdekében". Nem lehetünk együttérzőek másokkal, ha nem tudjuk, hogyan gondoskodjunk magunkról.

Amikor valódi együttérzést érzünk, nem számít, hogy kedvelünk vagy nem kedvelünk egy másik embert, vagy hogy intelligensnek találjuk vagy sem. Ugyanúgy, ahogyan mi azt akarjuk, hogy boldogok legyünk, az együttérzés azt jelenti, hogy azt akarjuk, ők is boldogok legyenek, felismerve, hogy mindenki másnak ugyanez a vágya. Ennek közvetlen és közvetett hatása is van a boldogságunkra. Ha valódi együttérzést tanúsítunk, különösen anélkül, hogy bármit is várnánk cserébe, akkor a mások iránti cselekedeteink kedvesek és szeretetteljesek lesznek, és a velük való kapcsolatunk szinte biztosan javulni fog. De ami még ennél is fontosabb, saját tudatunk tiszta és nyugodt lesz, mint egy felhő nélküli ragyogó nyári égbolt. A valódi boldogságot soha nem érhetjük el, ha más emberek kárára keressük, de minden bizonnyal elérjük, ha együttérzőek vagyunk másokkal.

EGÉSZSÉGES CSELEKVÉSEK

Tehát hogyan fejleszthetjük ki ezeket az egészséges tulajdonságokat? Nem elég pusztán nap mint nap ülni és azt gondolni magunkban: „Hálásnak kell lennem, önbizalomra van szükségem". Gondolataink irányítják cselekedeteinket, ugyanakkor tetteink némileg befolyásolják gondolkodásmódunkat és a körülöttünk kialakuló helyzeteket. Néha nem rendelkezünk tapasztalattal vagy bölcsességgel ahhoz, hogy tudjuk, hogyan kell cselekedni egy adott helyzetben. Ezért ebben a könyvben konkrét útmutatást adok, hogyan éljünk egy olyan életet, amely az egészséges cselekedeteken alapszik. Ha művelt és érett módon cselekszünk, és cselekedeteinket a helyes erkölcsi viselkedés alapján vezéreljük, akkor egy teljesebb mentális szemléletre tehetünk szert, és a tudatunk a boldogság növekedésének termékeny talajává válik.

Ahogy öregszünk, és életünk körülményei megváltoznak, számos különböző kihívással kell szembenéznünk, ezért konkrét útmutatást adok az élet különböző szakaszaiban általában tapasztalható kihívások válfajaihoz. Mindezen tanácsok mögött azonban néhány alapfogalom vagy szabály áll, amelyek alapján helyesen élhetjük az életünket. Ez az öt szabály (vagy „öt előírás", ahogy a buddhizmusban nevezzük őket) közvetlenül a Buddha tanításaiból ered. Ezek azonban világszerte szinte minden erkölcsi és vallási tanításban megtalálhatók, és megfelelő erkölcsi keretet biztosítanak az életmódhoz (bár értelmezésük néha bonyolult is lehet!). Az öt szabály a következő:

1. Nem ölni

Ez azt jelenti, hogy nem szabad szándékosan megölnünk vagy ártanunk egyetlen élőlénynek sem, beleértve az olyan lényeket is, mint a szúnyogok, hangyák vagy pókok. Minden élőlénynek vannak olyan érzései, mint a félelem, ezért ez arra ösztönöz minket, hogy tiszteljük és védjük az élet minden formáját. Ez vonatkozik a szabadidős horgászatra is, amely a halak számára óriási fájdalmat és stresszt okoz, az egyszerű személyes örömmel szemben.

2. **Nem lopni**

   Ez azt jelenti, hogy nem vehetjük el mások vagyonát vagy tulajdonát az ő engedélyük nélkül, és csak azt vehetünk el, amit szabadon, befolyásolás nélkül adnak.

3. **Nem hazudni**

   Ez azt jelenti, hogy nem szabad hazudnunk vagy felfednünk az igazságot a saját javunkra vagy a saját érdekünk védelmében.

4. **A helytelen szexuális viselkedés elkerülése**

   Ez azt jelenti, hogy tartózkodni kell az erkölcstelen szexuális magatartástól, amely káros következményekkel jár önmagunkra és másokra nézve.

5. **Az ártalmas bódító szerek elkerülése**

   Ez azt jelenti, hogy nem szabad hódolnunk olyan bódító szereknek, mint az alkohol vagy más drogok, tudva, hogy elhomályosítják az elmét, károsítják a testet, és az önmagunknak vagy a másoknak ártáshoz vezetnek.

Amikor egészséges cselekedetekről beszélünk, ez magában foglalja azokat a dolgokat is, amelyeket meg kell tennünk, hogy a lehető legjobb módon vigyázzunk magunkra. Ugyanúgy, ahogy el kell kerülnünk mások bántalmazását, el kell kerülnünk azt is, hogy önmagunknak ártsunk azáltal, hogy nem figyelünk az étrendünkre, túl sokat eszünk, rossz alvási szokásaink vannak, vagy elhanyagoljuk a testmozgást. Tibetben a legtöbb embernek meglehetősen zord élete van, ezért hajlamosak sokat mozogni napközben, és betartanak egy jó étrendet, az elhízás szinte ismeretlen. Míg nyugaton gyakran ülő életmódot élünk, ahol a testmozgás és az egészséges táplálkozás nem kötelező, és gyakran túl elfoglaltak vagyunk ahhoz, hogy időt szakítsunk életünk ezen területének gondozására.

Kétségtelen, hogy a testmozgás jótékony hatással van fizikai jólétünkre, bár most már tudjuk, hogy ez döntő fontosságú a mentális jólét szempontjából is. Egy nemrégiben készült tanulmány például arra a következtetésre jutott, hogy a heti háromszori testmozgás ugyanolyan hasznos néhány depressziós beteg számára, mint az antidepresszáns szedése.[12] Sőt, azok, akik éppen gyógyszert szedtek, sokkal nagyobb valószínűséggel estek vissza a depresszióba, mint azok, akik mozogtak. Ezen kívül más tanulmányok is kimutatták, hogy a rendszeres fizikai aktivitás csökkenti a szorongást, jobb alvást biztosít, javítja a mentális működést és növeli az önértékelést.

Buddhistaként hiszem, hogy mindennapi cselekedeteink vagy karmánk hozzájárulnak azokhoz az eseményekhez, amelyek ebben az életben és a következő életben történnek velünk. Bár lehet, hogy nem osztja mindenki ezt a nézetet, fontosnak érzem az ilyen gondolatok megemlítését, mivel úgy gondolom, hogy ezek mindenki számára előnyösek lehetnek. Még ha nem is ismerjük a karma gondolatát, akkor is hasznos lehet megérteni, hogy az általunk tapasztalt öröm vagy frusztráció alapvetően attól függ, hogyan bánunk egymással.

AZ EGÉSZSÉGTELEN TUDATÁLLAPOTOK LEKÜZDÉSE

Miközben egészséges mentális tulajdonságokat kell kifejlesztenünk és alkalmaznunk, ugyanolyan fontos felismerni és elhagyni a negatív vagy egészségtelen tudatállapotokat. Ezek a legfőbb akadályai a valódi boldogság elérésének. Ezek az egészségtelen tulajdonságok lényegében a bölcsesség hiányából fakadnak. Ide tartozik:

- Alacsony önértékelés

- Túlzott félelem vagy szorongás

- Az önuralom hiánya

- Fásultság

- Önteltség

- Elégedetlenség

- Fösvénység vagy kapzsiság

- Büszkeség és gőg

- Elutasítás

- Önzés

- Intolerancia

- Türelmetlenség

- Gyűlölet vagy neheztelés

- Irányíthatatlan harag

- Hálátlanság

- Cinizmus

Hosszú távon ezek az egészségtelen lelkiállapotok mindig az általunk tapasztalt szenvedések és elégedetlenségek növekedéséhez vezetnek. Ezért meg kell próbálnunk a lehető legjobban azonosítani és leküzdeni őket. Bár negatív tendenciáink gyökereit eltávolítani nem könnyű feladat, mindenképpen megvalósítható, ha ügyesen dolgozunk azok leküzdésén.

Hogyan tehetjük ezt meg? Először is, ha szorgalmasan képezzük magunkat arra, hogy a pozitív tulajdonságokra, különösen a hálára és az együttérzésre összpontosítsunk, az egészségtelen tulajdonságok fokozatosan alábbhagynak. Ez ahhoz hasonló, mint amikor egy ügyes asztalos a rozsdás szögeket újra cseréli. Továbbá mélyen elgondolkodhatunk az egészségtelen tulajdonságok veszélyeiről vagy hátrányairól, emlékeztetve magunkat arra, hogy ezek mindig szenvedést okoznak önmagunknak és másoknak.

Bár a tudatunk ilyen jellegű képzése nehezebb lehet, mint például a fogyás, e munka iránti elkötelezettség hosszú távon sokkal előnyösebb lesz. Ahogy tudatunk idővel békésebbé és stabilabbá válik, az egészségtelen tendenciák fokozatosan alábbhagynak, és felragyognak az olyan jó tulajdonságok, mint a szeretet és a bátorság.

Sokunknak nehéz lesz legyőzni az erős érzelmeket, mivel olyan szilárdan gyökereznek a tudatalattiban. Ezek az érzelmek és impulzusok olyanok, mint egy árnyék, amely mindig ott van velünk, annak ellenére, hogy nem vagyunk tudatában jelenlétének. Gyakran kapcsolódnak életünk nehéz eseményeihez, amelyeket megpróbálunk elrejteni, így bizonyos kiváltó tényezők bizonyos fájdalmas emlékekkel vagy hibás hiedelmekkel társulnak, mint például azzal, hogy én nem vagyok elég jó. Majd olyan egészségtelen reakciókénт térnek vissza hozzánk, mint az irányíthatatlan harag, szégyen vagy szorongás, mint egy madár, amely lecsap ránk, amikor meglátja áldozatát. Bár ezek a negatív érzelmek és impulzusok bizonyos mértékig az emberi lét normális részét képezik, a jó hír az, hogy mindenképpen lehetséges változtatni rajtuk.

Mit tehetünk hát ezekkel a makacsabb érzelmekkel? A legfontosabb, hogy az együttérző tudatosság fényével világítsuk meg őket. Ahelyett, hogy megpróbálnánk tagadni, elkerülni vagy harcolni a kellemetlen gondolatok, érzések és emlékek belső tapasztalataival, amelyek hosszú távon sokkal több szenvedést okozhatnak, először megtanulhatjuk elfogadni azokat emberi mivoltunk részeként. Ekkor láthatjuk, hogy nem feltétlenül kell zavarniuk azt a képességünket, hogy gazdag és tartalmas életet éljünk.[13]

Ezen kívül megtanulhatjuk felismerni, hogy a „negatív" érzelmek, például a harag és a szégyen mögött gyakran intenzív tisztaság, félelemnélküliség és mély törődés érződik. Gyakorlással megtanulhatjuk elkerülni egyrészt az irányíthatatlan harag szélsőségeit, másrészt a szégyenérzetet vagy a belső fájdalmat. Mindkét reakció a valóság hamis felfogásán alapul, de ha maradunk a nyers tapasztalatnál vagy érzésnél, mielőtt ezek a reakciók átveszik az uralmat, akkor ezeket az érzelmeket átalakíthatjuk a mély törődés kifejezéseként, akárcsak egy ügyes orvos, aki képes gyógyszerré változtatni azt, ami általában mérgező lenne számunkra. Ekkor dönthetünk úgy, hogy határozottan cselekszünk testünkkel és beszédünkkel, miközben tudatunk teljesen mentes az irányithatatlan haragtól vagy a hamis észleléstől. Vagy dönthetünk úgy, hogy nem veszünk részt, látva, hogy ez lehet a legjobb cselekvés, anélkül, hogy például a szégyen és a neheztelés érzésével reagálnánk, vagy egyszerűen elismerjük, hogy ezek a reakciók korábban, a múltban hogyan rántottak magukkal.

Gyakran hosszú idő óta fennálló feltételezéseink vannak önmagunkról és a világról, amelyben élünk, ami egészségtelen hiedelmekhez vezet, és amelyek miatt újra és újra erős érzelmi reakciókat tapasztalunk.[13]

Ezt erősítheti egy olyan kultúra, amely arra ösztönöz bennünket, hogy sikeresek legyünk, „lépjünk tovább", és hagyjunk figyelmen kívül sok mindent, ami kihívást jelent számunkra. Például lehet egy előzetes elképzelésünk arról, hogy hogyan alakuljanak a dolgok az életünkben, és hogy mindennek úgy kell történnie, ahogy szeretnénk, vagy hogy csak bizonyos feltételek teljesülése esetén vagyunk jó emberek. Azt gondolhatjuk, hogy a boldogság csak akkor jön el, ha továbbra is arra törekszünk, hogy a legjobbak legyünk, elnyerjük mások elfogadását vagy sok pénzt keressünk. Talán úgy vélekedünk, hogy a boldogság elérése irreális, mert a helyzetünk annyira rossz, és ez csüggedést vagy depressziót vált ki. Másrészt lehet, hogy csak korlátozottan értjük, mi a boldogság, és megakadályozzuk magunkat, hogy felfedezzük a boldogság mélyebb szintjeit. A legszélsőségesebb szinten akár azt is gondolhatjuk, hogy lehetetlen a boldogságot elérni!

Ezek a feltevések mind akadályozzák a bölcsességet, és sajnos néhányat közülük még meg is erősíthetnek a körülöttünk lévő emberek és a kultúra, amelyben élünk. Ezen feltevések tudatosítása segíthet megváltoztatni gondolkodásmódunkat, és megtanulni elfogadni a történteket, ahelyett, hogy tovább küzdenénk ellenük. Ez is valódi együttérzéshez vezethet azok iránt, akik hasonló küzdelmeken mennek keresztül - megtanuljuk megérinteni „gyenge portunkat", és elnyerjük az emberi lét szerény elfogadását.

Annak érdekében, hogy megkérdőjelezzük ezeket a feltevéseket, és valóban el tudjuk fogadni azt, akik vagyunk, fontos, hogy nyíltan beszéljünk olyan emberekkel, akikben megbízunk. Ez lehet egy tanácsadó, egy támogató csoport, egy közeli barát vagy ismerős, aki bizonyos bölcsességgel rendelkezik, különösen akkor, ha hasonló tapasztalatokon mentek keresztül, mint mi. Mindig emlékeznünk kell arra, hogy valaki, aki kevésbé tapasztalt, ő is segíthet nekünk. Feltétlenül forduljunk orvoshoz is, ha depressziósnak érezzük magunkat, vagy annyira eláraszt a mindennapi élet, hogy nem vagyunk képesek normálisan működni.

Miközben megtanuljuk elfogadni a fájdalmat és a negatív tendenciákat, amelyek az emberi mivoltunk velejárói, egyúttal folytathatjuk azt a munkát, hogy gazdag és tartalmas életet teremtsünk magunknak - és ez a fő része a könyv további részének. Ezáltal természetesen pozitív tudatállapotokat fogunk kifejleszteni, mint az önzetlenség, miközben fokozatosan gyengítjük és végül átalakítjuk a negatív tendenciákat. Ily módon fokozatosan képezhetjük magunkat érzelmeink irányítására, ugyanakkor elfogadhatjuk létezésüket és a jelenlétükből fakadó szenvedést. Amikor már nem uralkodnak bennünk az érzelmek, és megtanuljuk legyőzni azt a szokást, hogy önmagunkat helyezzük előtérbe, végre felfedezzük valódi „önzetlen" természetünket, azt a forrást, amelyből természetesen minden jó tulajdonság ered.

Boldogság az életkort tekintve

A boldogság kiváltó okai egész életünk során ugyanazok maradnak, függetlenül attól, hogy milyen korúak vagyunk. Mindenkinek lehetősége van arra, hogy úgy fejlessze a tudatát, ami lehetővé teszi a boldogság magvainak növekedését. Az alapvető vagy közvetlen mentális jellemzők egyformán fontosak minden életkorban. A közvetett mentális jellemzők fontossága attól függően növekszik és csökken, hogy milyen életszakaszban vagyunk, és milyen célokat tűzünk ki.

Mivel minden ember képes boldogságot elérni, kortól függetlenül, kifejtem az élet különböző szakaszait, és mindegyikhez adok néhány tanácsot. Összpontosíthatunk arra a szakaszra, amely kifejezetten a mi korosztályunkkal foglalkozik, vagy tanulhatunk mindegyikből, és talán korábban nem hallott hasznos tippeket gyűjthetünk a boldogságról. Megpróbálhatjuk beazonosítani azt is, hogy az egészséges mentális tulajdonságok közül melyik természetesebb számunkra, és összpontosítsunk először ezekre az erősségekre. Ekkor megtapasztalhatjuk, hogy sok más jó tulajdonság is természetes módon megjelenik.

Mielőtt azonban elkezdenénk, le kell szögeznem, hogy a boldogsághoz a tudat kitartó képzésére van szükség, és néhány embertől ez nagy szorgalmat és elszántságot kíván. Ahogyan az orvosoknak is sokéves hosszú képzésre van szükségük, mielőtt gyógyítani kezdenek, a legtöbbünknek is rengeteg képzésre van szükségünk mind hozzáállásunkat, mind a tetteinket illetően, hogy elérjük azt a szakaszt, ahol következetes, állandó boldogság-érzetünk van. Ezért arra kérem Önöket, hogy úgy gondoljanak erre a könyvre, mint egy drágakőre, és forduljanak hozzá, amikor nehézségekkel szembesülnek, de akkor is, ha jó időket élnek. Ne feledjük, hogy ez a könyv a számos forrás egyike, és nem feltétlenül a legmegfelelőbb útmutatást kínálja. Ezért bölcs dolog más könyveket is elolvasni, vagy tanácsot kérni olyan emberektől vagy szervezetektől, amelyekről úgy gondoljuk, hogy segíthetnek.

Remélem, hogy e könyvben szereplő bármely tanácsra emlékezni fognak. Fontos, hogy ne elégedjünk meg az intellektuális megértéssel, hanem alkalmazzuk ezeket a tanításokat a mindennapi életben. Szívből megfogadva ezt a tanácsot, nagyon bízom benne, hogy jelentős különbséget fognak tapasztalni a boldogság szintjében.

HARMADIK FEJEZET

A Boldogság Magvainak Elvetése

Ez a fejezet néhány novellát tartalmaz, amelyek célja, hogy a szülők hangosan felolvassák gyermekeiknek, vagy a gyerekek maguk olvassák el, ha már elég idősek. Általában egy gyerekkönyvben találunk képeket, fényképeket és más egyszerű és világos üzenetközlési módokat, azonban mivel ez a könyv nem csak gyerekeknek szól, nincsenek képek, és a történetek egyes üzenetei összetettebbek lehetnek mint az általános gyerekkönyvekben.

Általánosságban elmondható, hogy a gyermekek természetüknél fogva boldogabbak, mint a felnőttek, a jelentős felelősség és aggodalom hiánya miatt. A boldogság szinte mindig elérhető, játszhatnak és örülhetnek anélkül, hogy bárki megtanítaná őket. Pedig a legfontosabb, már korán elvetni a jövő boldogságának magvait, hogy a gyerekek felnőtt korukra megtanuljanak bölcsnek lenni és megtalálják az igazi boldogságot. A következő novellák célja, hogy olyan jelek legyenek az út szélén, amelyek a boldog élet irányába mutatnak. Azt kívánom, hogy a szülők olvassák el és beszéljék meg őket gyermekeikkel, és segítsenek elültetni azokat a jó tulajdonságokat, amelyek biztosan segítenek nekik egész életükben.[15]

Az elégedettség története

Egyszer volt, hol nem volt két gyermek, Jenny és John, akik unokatestvérek voltak. Bár egyidősek voltak, ugyanabba az iskolába jártak és ugyanazokkal az emberekkel együtt nőttek fel, nagyon különböző módon gondolkodtak és viselkedtek.

Jennynek sok drága játéka volt. Nagyon féltette őket, és nem volt hajlandó megengedni, hogy bárki más játsszon velük, vagy akár csak megérintse őket. Annak ellenére, hogy sok régi játéka volt, amelyeket már nem szeretett vagy nem játszott velük, mégsem volt hajlandó azokat másoknak adni. Jenny sosem volt megelégedve, és mindig új dolgokra vágyott, pedig már annyi mindene volt.

Johnnak viszont nem volt annyi játéka, de elégedett volt azokkal, amik voltak. Nagyon könnyen kezelhető és kedvelhető fiú volt, aki mindig felajánlotta, hogy megosztja játékait más gyerekekkel, különösen a nála kevésbé szerencsésekkel. Johnnak nem kellett sok ahhoz, hogy boldog legyen. Amikor nem voltak játékok, amelyekkel játszhatott, azzal szórakoztatta magát, hogy kövekkel, gallyakkal vagy bármi mással játszott.

Ahogy a két unokatestvér felnőtt, ugyanazon az úton haladtak. Jenny sosem volt megelégedve azzal, amije volt, és mindig valami többre vágyott. Elégedetlen volt a barátjával, aki pedig nagyon kedves volt és nagyon szerette őt. Azt gondolta, majd talál magának egy jóképűbb és okosabb fiút. Jennynek sok jó barátja is volt és nagy vagyona, de bármennyi is volt, soha nem volt megelégedve semmivel. Ahogy idősödött, megmaradt ebben az állapotban, és végül egy nagyon bizonytalan, boldogtalan és magányos nő lett.

John továbbra is hálás és elégedett volt mindazzal, amije volt, vagy amije nem volt. Mindig nyugodt és figyelmes volt a másokkal való kapcsolataiban. Nagyon boldog és szeretett emberként nőtt fel, sok csodálatos barátja, és erős, egészséges, szerető családja volt. Bárhová ment, boldogságot sugárzott. John már egészen kicsi korától elégedett volt. Valahogy tudta, hogy a boldogság nem arról szól, hogy sok dolgot birtoklunk, hanem inkább arról, hogy megosztjuk másokkal, amink van.

Melyik emberhez szeretnél hasonlítani inkább és miért? Beszélj erről valakivel, talán az anyukáddal vagy az apukáddal. Hogyan válaszolnátok erre a kérdésre?

A BARÁTSÁG TÖRTÉNETE[16]

Volt egyszer egy szarka, amely egy fűzfa ágai között élt egy tó mellett. Ennek a tónak a vizében, nem messze a fűzfától egy teknős élt. Volt egy szarvas is, aki gyakran jött inni a tóhoz. Mindhárom állat nagyon közeli barátságban volt.

Egy nap, amikor a szarvas a tóhoz ment inni, hirtelen egy vadász csapdájába esett. A lábát nagyon erős kötelek fogták. Sírását hallva a teknős és a szarka gyorsan megjelent, hogy megbeszéljék, hogyan segíthetnének a legjobban barátjuknak.

A szarka így szólt: —Teknős nővérem, mivel az állkapcsod erős és masszív, átrághatod ezeket a köteleket. Én közben megakadályozom, hogy a vadász visszatérjen a tóhoz.

Így a teknős rágni kezdte a köteleket, miközben a szarka a vadász kunyhójához repült.

Másnap reggel a vadász egy éles késsel a kezében kilépett a kunyhója ajtaján. Hirtelen megjelent a szarka, és minden erejével újra és újra az arcába repült. A támadástól kábultan a vadász visszaszaladt a kunyhójába, de nem sokkal később kisurrant a kunyhó hátsó ajtaján. De a szarka okos volt, és tudta, hogy ezt fogja tenni. Újra lecsapott, és támadni kezdte, miközben a lábaival erősen karmolta az arcát. A második támadástól elbátortalanodva a vadász arra a következtetésre jutott, hogy ez egy szerencsétlen nap, és úgy döntött, inkább pihen, és a legjobb lesz holnap megpróbálni.

Sajnos a három barát szerencsétlenségére másnap reggel a vadász felkészülve a szarka egy újabb támadására felvett egy kalapot. Ezúttal a szarka nem tudta megállítani a vadászt, így visszasietett az erdőbe, hogy figyelmeztesse barátait.

— A vadász úton van ide!— kiáltotta.

A teknős addigra már majdnem átrágta az utolsó kötelet is, de mivel a kötél olyan kemény volt, mint az acél az állkapcsa mostanra véres és sebzett volt. Ahogy a szarvas meglátta a vadászt végső küzdelmében egy rúgással lerántotta az utolsó kötelet, majd elszaladt az erdőbe.

A szarvas menekülését látva a vadász dühében felkapta a kimerült teknőst, beletette bőrzsákjába, és a közeli fa ágára akasztotta. Majd elment felkutatni a szarvast.

A szarvas néhány bokor mögött rejtőzve látta, hogy a teknős veszélyben van. —A barátaim az életüket kockáztatták értem— gondolta, — akkor most nekem is ezt kell tennem értük. És így, nagyon gyengének tettetve magát, kilépett a vadász elé.

Azt gondolva, hogy könnyű fogás lesz, a vadász üldözni kezdte szarvast. Amikor az erdő mélyén voltak, a szarvas hirtelen vágtába fogott, és addig futott, amíg el nem tűnt a vadász elől, majd eltakarta a patáinak a nyomát, és visszatért a tóhoz. Ezután agancsával leemelte a vadász táskáját az ágról, és kirázta belőle a teknőst. A teknős ezután visszamászott a vízbe és elbújt, míg a szarvas visszaszaladt az erdőbe.

A tóhoz érve a vadász a földön heverő táskáját üresen találta. Kedvét szegve és csalódottan felkapta a kését, és visszament a kunyhójához. Annyira elkedvetlenedett, hogy azt gondolta, akár le is mond a vadászatról, és talán a szomszéd gazdaságában fog dolgozni!

A teknős és a szarka megmentette a szarvas életét, a szarvas pedig megmentette a teknős életét. És mi több, barátságukat és egymás segítését látva, a vadász úgy döntött, hogy feladja a vadászatot. Látva, mennyire törődnek egymással, ráébredt, hogy helytelen lenne megölni őket, ahogyan az is, ha ártana saját barátainak.

Képzeld el, hogy te vagy a teknős ebben a történetben. Gondolj a barátaidra, akiket ebben az életben szereztél. Ki lenne a szarka? Ki lenne a szarvas?

Mit jelent számodra a barátság? Hogyan mutathatod meg egy másik embernek, hogy a barátja vagy?

AZ ÖNELFOGADÁS TÖRTÉNETE

Volt egyszer egy fiatal fiú, akit Alexnek hívtak. Kisgyermek korában csapdába esett egy házban, amely véletlenül kigyulladt. Két bátor tűzoltó mentette meg éppen időben, de súlyos égési sérülései miatt kórházba kellett mennie. Egy csúnya kinézetű heg maradt a nyaka bal oldalától egészen a bal karjáig.

Alex nagyon félénk volt az iskolában, mert zavarta a kinézete. Iskolai egyenruhája nem rejtette el teljesen a hegeit, és gyakran csúfolták, mert másnak tűnt, mint a többi gyerek. A többi gyerek sosem gondolt arra, hogy Alex mit érez ezzel kapcsolatban.

—Alex, a hüllő ember — gúnyolódtak vele kegyetlenül. Azt kívánta, bárcsak nagyobb és erősebb lenne, hogy legyen bátorsága visszavágni, amikor csúfolják. Ehelyett csak csendben félrevonult egy helyre, ahol egyedül lehet, távol a többi gyerek kegyetlen megjegyzéseitől.

Egy nap az iskola kertésze látta, hogy Alexet csúfolják, és odalépett hozzá.

Látom, nem könnyű az életed — mondta a kertész melegséggel és együttérzéssel teli hangon. — Talán segítene, ha megosztanék veled egy rövid történetet.

Alex bólintott.

—Volt egyszer egy ház — kezdte az öreg — amely kívülről félelmetes, csúnya öreg helynek tűnt. A tető rozsdásodott, és a festék omladozott az elülső falról. Még a csövek is rozsdásak voltak és szivárogtak, amikor erősen esett az eső. Belül nagyon kicsi volt, a konyha pedig szűk. Még TV sem volt.

Volt azonban egy gyönyörű, hangulatos kandalló, amelyben hatalmas, meleg tűz lobogott, és egy igazán kényelmes kanapé, amelyen a látogatók aludtak. A szomszédok és sok barát gyakran jött látogatóba. Későig fent maradtak a kandalló körül összegyűlve, megosztották történeteiket és csodásan érezték magukat.

És így — fejezte be az öreg — bár a ház kívülről nem tűnt olyan jónak, belül egy nagyon szeretett hely volt. És ez volt az igazán fontos.

Alex megértette. Nem igazán számít, hogy van egy csúnya kinézetű hege és az iskolában csúfolják, mert belül az a fajta ember volt, aki igazán számít. Hamarosan a gyerekek abbahagyták a csúfolást, mert látták, hogy Alex már nem lesz ideges. A gyerekek egy csoportja ekkor játszani kezdett vele, és végül jó barátként fogadták el.

Alex megtanulta elfogadni magát olyannak, amilyen, és ezzel képes volt önbizalomra találni. Mások ezt látták, és tisztelték őt ezért.

Érezted már magad úgy, mint Alex?

Képes vagy elfogadni és szeretni magad olyannak, amilyen vagy?

Beszéld meg ezt a történetet a szüleiddel, hogyan viselkedj, ha más gyerek csúfolni kezd téged

A TUDATOSSÁG TÖRTÉNETE

Egyszer egy csoport gyermek gyűlt össze egy erdei tisztáson, hogy meghallgassák a falujukba érkezett bölcs tanítót, akit Buddha néven ismertek.

A Buddha fogott egy gyönyörű vörös rózsát, és a gyerekek elé tartotta. Nem szólt semmit, és mindenki teljesen csendben volt. A virágot a legszelídebb, legnemesebb mozdulattal tartotta, hüvelykujjával és mutatóujjával úgy tartotta a szárát, hogy az követte a keze alakját. Sokáig tartotta így a rózsát, és nem szólt egy szót sem. Mindenki kíváncsi volt, hogy a tanító mire gondol ezzel a gesztussal.

Végül a Buddha felnézett a gyerekekre, és elmosolyodott. — Gyerekek — mondta — ez a rózsa csodálatos és szép dolog. Ahogy tartom, lehetőségetek van megtapasztalni. Lehetőségetek van arra, hogy kapcsolatba lépjetek egy csodálatos valósággal, hogy kapcsolatba lépjetek magával az élettel.

— Kérdezhetitek: Miért tartja fel ezt a rózsát? Mi ennek a jelentése? Ha azonban elméteket az ilyen gondolatok foglalkoztatják, nem tapasztalhatjátok meg igazán a virágot. Ugyanígy, ha elveszünk a gondolatok áramába, az megakadályozza, hogy valódi kapcsolatot teremtsünk az élettel. Ha elfog a frusztráció, a szorongás, az aggodalom vagy a féltékenység, akkor elveszítitek az esélyt, hogy valódi kapcsolatot teremtsetek az élet valamennyi csodájával.

Vannak emberek, akik úgy mennek keresztül az erdőn, hogy soha nem látnak egyetlen fát sem. Ugyanígy, bár az élet tele van szenvedéssel, sok csodát is tartalmaz, amelyeket sokan nem látnak.

Legyetek tehát tudatosak, hogy meglássátok mind a szenvedést, mind a csodákat az életben. Akkor kapcsolatba léphettek az élettel és mélyen megtapasztalhatjátok. Akkor megértitek az életet, és ez a megértés szeretethez vezet minden iránt, aminek a részei vagyunk.

A gyerekeket mélyen meghatották a tanító szavai, és mindegyik megfogadta, hogy tudatosan élik az életüket. Megígérték, hogy értékelni fogják az élet csodáit, amelyekkel nap mint nap találkoznak, mint ezzel a gyönyörű rózsával.

Mikor vettél észre utoljára egy gyönyörű virágot, vagy bármi mást, ami az élet csodájára emlékeztetett?

Próbáld észrevenni, ha elveszel az olyan gondolatokban, mint az aggodalom vagy a frusztráció. Figyeld meg, hogy valóban kapcsolatba lépsz -e az élettel, és vedd észre, hogy ez hogyan változtatja meg érzéseidet.

A MEGBECSÜLÉS TÖRTÉNETE

A havas hegyek tetején India, Nepál és Kína között fekszik egy Tibet nevű ország. Ennek az országnak a közel-keleti részén található a Happy Valley nevű kis falu. A faluban élőknek nincs áramuk, nincs autójuk vagy buszuk, nincs telefonjuk, nincs televíziójuk és nincsenek játékaik. Még házuk sincs. Ehelyett sátrakban élnek, amelyeket jakszőrből készítenek. Ebben a faluban él egy négytagú család. Az apa neve Yeshe, az anyáé pedig Tara. Két gyermekük van, egy fiú, Yori, aki hat éves, és egy lány, Chimey, aki négy éves.

Yori minden reggel hat órakor kel, reggelizik, és a nap hátralévő részében kétszáz jakot terelget a hegyekben. A jakok mindenfelé mennek, ezért folyamatosan szalad utánuk, igyekszik összetartani őket. Egész nap alig van lehetősége a pihenésre. Yori addig nem eszik, amíg haza nem ér vacsorára. Nagyon értékeli minden este a vacsoráját, és hálás az édesanyjának, hogy elkészítette.

Húga, Chimey hét órakor kel, reggelizik, majd egy nagyon hosszú utat kell megtennie a folyóhoz, hogy vizet gyűjtsön, mivel a folyó a legközelebbi vízforrás, amely nem fagy meg. Mivel kicsi, Chimey egyszerre csak kis mennyiséget tud magával vinni, így egész nap oda-vissza kell sétálnia a sátortól a folyóig, amíg nem lesz elég víz. A talaj nagyon csúszós, mert hó borítja, Yori és Chimey pedig nagyon fáznak, mert a hőmérséklet néha mínusz harminc fok is szokott lenni.

Mégis Yori és Chimey értékelik az általuk fogyasztott ételeket és családjuk szeretetét, és emiatt nagyon boldogok. Nagyon elégedettek, és törődnek egymással, családjukkal és barátaikkal. Szegények, mégis boldog és egészséges életet élnek, mert megtanultak egymásért dolgozni, nemcsak magukért.

Van egy másik család, aki messze laknak Tibettől, Melbourne gazdag részén, a tenger mellett. Ebben a családban két gyermek van, egy Péter nevű fiú, aki három éves, és egy lány, Carly, aki öt. Mindegyik rendelkezik saját hálószobával, televízióval, számítógéppel, valamint számos könyvvel és játékkal. Sok csodálatos ajándékot kapnak karácsonykor és a születésnapjukon, és minden évben a család tengerentúli nyaralásra megy, olyan országokba, mint Anglia, Olaszország és Görögország.

Ahogy a gyerekek felnőnek, nem mennek annyit a strandra, mint korábban. Ehelyett a szobájukban maradnak, filmet néznek, vagy az interneten beszélgetnek. Péter arra kéri a szomszéd gyerekeket, hogy játszanak vele a kertben, de ők azt mondják neki, hogy hagyja őket békén. Péter hamarosan azzal szórakoztatja magát, hogy egyedül játszik számítógépes játékokat. Apjuk egyre elfoglaltabbá válik a munkában, és csak nagyon későn ér haza, míg anyjuk gyakran távol marad a munkahelyi megbeszélések miatt.

Idővel a család szétesik, és nem sok időt töltenek együtt. Mindannyian saját módon szórakoztatják magukat, és nincs szükségük egymás társaságára. Peter nagyon csendes lesz, és nem beszél sokat, mert annyira megszokta, hogy egyedül tölti az időt a számítógépes játékokkal. Carly legtöbb idejét azzal tölti, hogy a fiúkkal késő estig kimarad, barátaival sétálgat az utcán, és néha leissza magát. Mivel anyjuk annyira elfoglalt a különböző bizottságokban, nem veszi észre, mi történik a családjával, ezért csak arról gondoskodik, hogy rengeteg új ruhájuk és pénzük legyen.

A felszínen úgy tűnhet, hogy ennek a családnak mindene megvan, mindazok az anyagi dolgok, amelyek boldoggá tesznek minket. Idővel azonban eltávolodtak egymástól, magányosak és elszigeteltek lettek. Szem elől tévesztették a sok áldást, amiben részesülhetnek, és nem látják az egymással való törődés fontosságát, így képtelenek megtapasztalni az igazi boldogságot.

Mit gondolsz, hogyan cselekedhetett volna másként a Melbourne-i család, ha jobban tisztában lettek volna az életükben jelenlévő áldásokkal?

Hogyan tudnál tudatosabb lenni az életed áldásait illetően?

Hogyan tudnád emlékeztetni magad arra, hogy hálás legyél mindazért, amid van, és hogy abból a legtöbbet hozd ki?

Minden nap végén megpróbálhatod összegezni mindazokat a dolgokat, amiért hálás lehetsz. Esetleg megkérheted anyukádat és apukádat, hogy segítsenek ebben.

AZ EGYÜTTÉRZÉS TÖRTÉNETE

Volt egyszer egy négytagú család, anya, apa, fiúk és lányuk. A fiút Ádámnak hívták, a lányt pedig Annának. Sajnos apjuk alkoholista volt, édesanyjuk pedig drogos. A szülők függőségei miatt nagyon szegények voltak, és gyakran nem is engedhették meg maguknak az élethez szükséges olyan alapvető dolgokat, mint az étel és a ruházat.

Mivel nem volt autójuk, és nem volt pénzük más közlekedési eszközre, a gyerekek az egyetlen olyan iskolába jártak, amely sétatávolságra volt az otthonuktól. Az iskola nem volt túl jó. A tanárok nem voltak nagyon figyelmesek, az épületek lepusztultak, és az osztályok túlzsúfoltak voltak. A gyerekek számára nehéz volt a tanulás.

Néha a családnak egyáltalán nem volt ennivalója, a kamra teljesen üres volt. Ezeken az alkalmakon Ádám és Anna együtt mentek a helyi gyülekezetbe élelmet szerezni. Jó barátságot kötöttek a templomi pappal, aki nagyon kedves és együttérző volt. Amikor együtt voltak, tanította őket a kedvességre és az együttérzésre, és a gyerekek a tanácsait a mindennapi életben is gyakorolták.

—Az együttérzés gyakorlása nagyobb belső erőt és nyugalmat ad — mondta nekik. — Képesek lesztek segíteni másokon, de ha nem is tudtok, nem számít, mert ti lesztek az igazi nyertesek. Az együttérző cselekvés teljes mértékben haszonnal jár.

Ádám és Anna hosszas gondolkodás után rájöttek, hogy ennek igaznak kell lennie. Próbálták az együttérzést gyakorolni, bárhová mentek, és bárkivel is találkoztak - még olyanokkal is, akiket nem szerettek. Mindig másokat helyeztek maguk elé. Megpróbálták elképzelni, mit éreznének, ha más emberek cipőjében lennének.

Ezt minden nap átültették a gyakorlatba, és hamar rájöttek, hogy elfelejtették saját problémáikat, mert mindig másokra gondoltak. Ennek következtében nagyobb belső erőt fejlesztettek ki, és soha nem érezték szerencsétlennek magukat a helyzetük miatt.

Az együttérzés gyakorlatát otthon kezdték el. A szülők gyakran vitatkoztak, és anyukájuk sokszor depressziós volt. Adam és Anna, mindketten megpróbálták elmondani neki, hogy javulni fog a helyzet, és hogy nem szörnyű anya. Bár az apjuk időnként haragudott rájuk, megpróbáltak nem ellene fordulni. Sok stressz és aggodalom volt az életében, és bár tettei rosszak voltak, tudták, hogy jó ember, aki legbelül csak azt akarja, hogy ő és családja boldog legyen.

Ádám és Anna nagyon ismertté és tiszteltté váltak a közösségükben. Segítségükkel szüleiknek sikerült leküzdeni függőségeiket. Ezután a szüleik hasonló problémákkal küzdő barátainak segítettek. Gyakran meglátogatták az időseket és a betegeket, és mindig kedvesek voltak szomszédaikhoz. Egy nap egy tévériporter hallott Adamről és Annaról, és úgy döntött, hogy egy műsort készít az „együttérző gyerekekről".

A tévéműsor eredményeként a közösség sok pénzt gyűjtött össze, hogy Ádám és Anna jó oktatásban részesülhessen. Nagyszerű iskolába jártak, majd egyetemre, mindketten nagyon jó osztályzatot értek el. Miután befejezték tanulmányaikat, visszatértek közösségükbe, és nagyszerű tanárok lettek. Mindent megtanítottak másoknak, amit maguk tanultak; hogy bármit megváltoztathatunk a javunkra, amíg gyakoroljuk az együttérzést. Megváltoztathatjuk a szüleinkkel, barátainkkal, valamint a teljesen idegenekkel való viszonyunkat, és még a világot is megváltoztathatjuk valamilyen kis mértékben.

Szeretnél együttérző életet élni, mint Ádám és Anna?

Miről maradnál le, ha mindig másokra gondolnál magad előtt? Mit nyernél vele?

Hogyan kezdhetnél már ma együttérzően cselekedni az életedben?

EGY KÜLÖNLEGES TÖRTÉNET AZ IDŐSEBB GYERMEKEK SZÁMÁRA —A BELSŐ SZABADSÁG TÖRTÉNETE

T'ien-chu városban élt két kínai fiú, akik ugyanabban az iskolában tanultak és jó barátok voltak. Az egyiket Fuzunak hívták, a másikat pedig Jujannak. Mindkettejük apját megölték a kínai kormány katonái. Mindkét fiú szívét mély szomorúság nyomta.

Sok felnőttet megkérdeztek, hogy miért ölték meg az apjukat. A felnőttek azt mondták nekik: — Sajnos nincsenek emberi jogaink és valódi szabadságunk ebben az országban.

Sokszor azt kérdezték a felnőttektől: — Hogyan érhetjük el a szabadságot? Néhányan azt mondták, hogy soha nem érhetik el a szabadságot, mert úgy gondolták, hogy az emberek örökre a kormány irányítása alatt állnak, és ezt egyszerűen el kell fogadniuk. Mások azt mondták nekik, hogy ha megtanulják a törvényt, talán találhatnak némi szabadságot.

Így mindkét fiú úgy döntött, hogy a középiskola elvégzése után jogi tanulmányokat folytat, mivel választ akartak találni a kérdésre. Azonban hamar rájöttek, hogy bár elméletileg a jog igazságos és tisztességes, a leírtakat nem mindig gyakorolják. Sajnos sok kormánytisztviselő és a rendőrség korrupt volt. Ha valaki bejelentett egy bűncselekményt, azt gyakran nem követték nyomon, mert más kenőpénzt fizetett a bejelentés leállítása érdekében. A két fiú akkor rájött, hogy a törvény megértése valójában nem sokat segít, sokkal inkább az, ha van az embernek pénze. Ezért abbahagyták a jogi tanulmányaikat, mert értelmetlennek tartották.

Egy napon a két fiú megbeszélt egy találkozót egy nyugdíjas politikussal, aki nagyon jól ismerte a nemzetközi jogot és politikát.

Ugyanazt a kérdést tették fel neki: — Hogyan érhetjük el a szabadságot?

Azt válaszolta: — Ha személyes szabadságot akartok, emigrálnotok kell egy demokratikus országba, például Svájcba vagy az Egyesült Államokba. Ha azonban belső szabadságot akartok, akkor egy nagyon tapasztalt és bölcs szerzetest kell megkérdeznetek; ő meg fogja mondani.

Fuzu nem értette, hogy a politikus mit ért a — belső szabadság" alatt, de azt nagyon jól értette, mit jelent a személyes szabadság. Azt mondta Jujannak: — Sanghajba akarok költözni, majd Amerikába akarok eljutni. Eljönnél velem?

Jujan így válaszolt: — Mielőtt a személyes szabadságot keresnénk egy nyugati országban, talán először fel kellene fedeznünk, mi a belső szabadság.

Fuzu nem értett egyet vele, ezért egyedül ment Sanghajba, majd megszerezte az amerikai turista vízumot. Amerikában aztán menekült vízumot kapott.

Fuzu először azt gondolta, hogy az új élete Amerikában fantasztikus. Nagyon örült a politikai rendszernek és annak a sok lehetőségnek, hogy olyan életet élhet, amelyet kívánt. Jó munkát talált, és feleségül vett egy amerikai nőt, akitől négy gyermeke született. Sok gyereket akart, mert Kínában csak egy gyermeket engedtek meg.

Fuzu és felesége azonban személyes szabadságuk ellenére nem voltak megelégedve azzal, amijük volt. Ez az elégedetlenség tönkretette a házasságukat, amely végül válással végződött. Fuzu ezután kétszer újból megnősült, de a helyzet csak rosszabb lett, és nem jobb. Sok gyermeke született a különböző nőktől, akiket feleségül vett, de ritkán tudta velük tölteni az időt, mivel el voltak foglalva a saját életükkel. Élete nagyon stresszesnek és magányosnak bizonyult. Végül az alkoholhoz és a drogokhoz fordult, hogy segítsen megbirkózni a helyzetével. Emiatt lelki és fizikai egészsége is egyre rosszabb lett.

Eközben Jujan találkozott egy kínai szerzetessel, és megkérdezte tőle, hogyan érheti el a belső szabadságot.

A szerzetes így válaszolt: — Nem tudok azonnali választ adni neked, de ha szerzetes leszel, talán magad is rájössz, mit jelent a belső szabadság. Szecsuán tartományban található egy Zamthang nevű tibeti kolostor, ahová érdemes elmenni. Néhány évvel ezelőtt meglátogattam ezt a kolostort, és nagyon lenyűgözött. Az egyetlen probléma azonban az, hogy ott nem beszélnek kínaiul, csak tibetiül.

Jujan megköszönte a szerzetes tanácsát. A kolostor neve hallatán annyira izgalomba jött, hogy azonnal útnak indult. Busszal, majd teherautóval utazott oda. Amikor megérkezett, és találkozott az apáttal, Láma Lobszanggal, hihetetlenül meghatódott. Amikor a láma szemébe nézett, tudta, hogy ő jobban ismeri a mélyebb belső szabadság titkát, mint azt valaha is képzelte. Hamarosan Jujan elmondta a lámának, hogy életét a belső szabadság elérésének kívánja szentelni.

A láma így válaszolt: — Biztos vagy benne? Nincs garancia arra, hogy mennyi ideig fog tartani; de ha ez a kívánságod, akkor meg kell tanulnod a tibeti nyelvet és a buddhista gyakorlatokat.

Jujan elhatározta magát. Buddhista szerzetes lett, és szorgalmasan tanulmányozta a tibeti nyelvet, valamint egy fordító segítségével a buddhizmust is. Három év tanulmányozás után folyékonyan tudott olvasni és kommunikálni tibeti nyelven. Ezt követően nyolc évet szentelt a buddhista tanulmányoknak, gyakorlatoknak és meditációknak. A buddhista szerzetesek egyik kiváló példájává vált.

Egy napon a kínai hatóságok meglátogatták Jujan kolostorát, akárcsak az összes tibeti kolostort, és elrendelték minden szerzetesnek, hogy írjanak alá egy nyomtatványt. A nyomtatvány kínaiul volt írva, így a szerzeteseknek fogalmuk sem volt arról, mit írnak alá; csak annyit mondtak nekik, hogy ez egy megállapodás „hazánk ellenségei" ellen.

Jujan elolvasta a nyomtatványt, és nagyon ideges lett, amikor rájött, hogy a kínaiak elrejtik a formanyomtatvány valódi szándékát és jelentését. Ez valójában egy nyilatkozat volt arról, hogy a szerzetesek a Dalai Láma, a buddhista szellemi vezető ellen vannak. Jujan nem volt hajlandó aláírni a nyomtatványt, és azt mondta a többi szerzetesnek is, hogy utasítsák vissza. Ezután összeveszett az egyik kínai tisztviselővel. Megpróbálták letartóztatni Jujant, de ő bátran harcolt, és néhány szerzetes még segíteni is próbált neki. Miután néhány percig így küzdött, sikerült kitörnie a hatóságok szorításából és megszöknie, azt gondolva, hogy ez a legjobb megoldás. Az eset után tudta, hogy nem biztonságos visszatérnie a kolostorba, ezért úgy döntött, összeszedi a holmiját, és csatlakozik a tibetiek egy kis csoportjához, akik a Himalája-hegységben vándoroltak, remélve, hogy elmenekülhetnek Indiába.

A menekülőknek hosszú utat kellett megtenniük, hogy elkerüljék a kínai katonákat, így az út végül másfél hónapig tartott. Sokan megsérültek útközben, mivel az ösvények nagyon durvák és csúszósak voltak, jég, hó és néha sűrű, tüskés bozót borította őket. Az út során Jujan beleszeretett egy tibeti lányba a csoportból, Pemába. Minthogy kínai iskolába járt, folyékonyan tudott kínaiul. Beszélgetni kezdtek egymással, és hamarosan rájöttek, hogy sok közös dolog van bennük.

Sok kaland után megérkeztek Nepálba, a tibeti menekülttáborba, majd később Indiába utaztak. Amikor végül megérkeztek, be kellett iratkozni egy felnőtt bentlakásos iskolába, ahol több mint ezer felnőtt tibeti menekült kapott élelmet, menedéket és oktatást. A diákok között csak kevesen voltak nők, mert a férfiaknak általában könnyebb volt nagy távolságokat utazniuk, ezért nők alig voltak.

Egy nap egy nagyon gazdag és magas státusszal rendelkező férfi beleszeretett Jujan barátnőjébe, és a pár elvált. Jujan szíve teljesen összetört. Nem tudott sem tanulni, sem aludni. Otthagyta az iskolát, de nem volt hol laknia, és nem volt élelme, ezért elment egy kolostorba, és ételért könyörgött, néhány hétig az erdőben aludt. Hamarosan úgy döntött, nem élhet tovább így.

Azt gondolta magában: — Annyi szívfájdalmat és szenvedést éltem át. Engem egyáltalán nem érdekel a pénz, a barátnők, vagy hogy mások mit gondolnak rólam. Most látom az igazságot, hogy ezek a dolgok nem a boldogság valódi forrásai, csak egyszerű életet akarok élni, és visszatérni eredeti célomhoz. Leginkább azt akarom, hogy megtaláljam a belső szabadságot.

Elment a Dalai Láma irodájába, és megegyeztek abban, hogy rendszeres pénzt adnak neki élelemre és egyéb alapvető szükségletekre, ha őszintén gyakorol. Magasan a hegy tetején, az erdőben lévő menedékházak egyikét felkínálták neki, hogy ott lakhasson. Tizenöt évig maradt ott, teljesen a tudatára összpontosítva, és felfedezte a tudat békés természetes állapotát, amely mentes a gondolatok és érzelmek irányításától.

A legtöbb ember nem képes irányítani az érzelmeit, így ha például valakit szerencsétlenül meglopnak, megbetegszik vagy le kell zárnia egy szoros kapcsolatot, akkor az illető általában nagyon szomorú vagy depressziós lesz. Érzelmeik irányítják őket, és aszerint reagálnak, de Jujannak sikerült elérnie az érzelmek feletti uralmat. Teljesen felépült szívfájdalmából, és többé nem volt rabszolgája érzelmei szeszélyeinek. Csak nagyon kevés élelem is elég volt az életéhez, és teljesen boldog volt. Még saját betegségeit is meg tudta gyógyítani orvos segítsége nélkül. Nem zaklatta fel a hír, mikor megtudta, hogy családjából mindenki meghalt; rájött, hogy a halál az élet elkerülhetetlen része, és ezt együttérzéssel és alázattal fogadta el. Jujan története elterjedt Indiában, és nagyon híres lett. Nem engedett be látogatókat, de sok újságíró és turista távolról készített róla fényképet.

Egy napon levelet kapott egy amerikai kínai templomból, amelyben arra kérték, hogy látogassa meg őket és áldja meg templomukat, valamint adjon néhány tanítást. Elfogadta a meghívást, mert arra gondolt, találkozni fog régi barátjával, Fuzuval, és örült, hogy először beszélhet majd anyanyelvén élményeiről.

Amikor megérkezett Amerikába és belépett a templomba, elvégzett néhány szertartást, hogy megáldja a teret, és néhány tanítást is adott. Sokan jöttek meghallgatni. Abban az időben Fuzu nagy lelki szenvedéseken ment keresztül, és lelki vigaszt keresett. Ezért elment a templomba. Fogalma sem volt róla, hogy régi barátja, Jujan is ott lesz, és csodálkozott, amikor meglátta. Jujan hagyta, hogy Fuzu vele maradjon éjszakára a templomban. Egész éjszaka arról beszéltek, hogy Fuzu hogyan találta meg a személyes szabadságot, míg Jujan hogyan fedezte fel a belső szabadságot.

Mi kell a személyes szabadság eléréséhez? Mi kell a belső szabadság megtalálásához?

Szerinted melyik a legértékesebb szabadságforma?

Hogyan tanulhatunk meg uralkodni a boldogságunk felett?

Hogyan találhatod meg a belső szabadságot az életedben anélkül, hogy kolostorba vonulnál, vagy elhagynád jelenlegi helyzeted?

∿

Olvasd el többször ezeket a történeteket, hogy jobban megértsd rejtett jelentéseiket. Ismerd meg a boldogság minőségeit, és próbáld meg a lehető legjobban gyakorolni őket, hogy valóban boldog életet élhess.

NEGYEDIK FEJEZET

Elindulás a Helyes Irányba

Nagyon fontosnak tartom a tinédzserekkel való kommunikációt, mert ez egy nagyon fontos időszak, és mint ilyen csak egyszer van az ember életében. Ha elszalasztjuk ezt a lehetőséget, soha többé nem lesz rá alkalmunk. Ezért ha kamasz fiúnk vagy lányunk van, bátorítsuk őket, hogy olvassák el ezt a fejezetet. Ha az olvasó is ebbe a korosztályba tartozik, azt javaslom, hogy alaposan gondolja át ezt a fejezetet.

Tinédzserként fiatalok, okosak és energikusak vagyunk, így a döntéseink nagyszerű élettapasztalatokat hozhatnak, hatalmas bölcsességre tehetünk szert és nagy változásokat idézhetünk elő a világban. Másrészt, mivel tapasztalatlanok vagyunk hiányozhat a bölcsesség, ami azt jelenti, hogy olyan döntéseket hozhatunk, amelyek ártalmasak lehetnek vagy csökkenthetik a bennünk rejlő lehetőségeket, és nagy szenvedést okozhatnak önmagunknak vagy a körülöttünk élőknek.

Általános vélekedés, hogy a tinédzserek soha nem hallgatnak az idősebb emberek tanácsaira, mert túlságosan szórakozottak, túl büszkék, vagy nem értékelik az idősebb generáció véleményét. Nem hiszem, hogy ez feltétlenül igaz, azonban megfigyeltem, hogy a fiatalok néha büszkék arra, amit az addigi viszonylag rövid életük során tanultak és tapasztaltak, és ezért nem szívesen fogadják el, hogy még sok tanulnivaló van. Ez a bölcsesség hiányának a jele lehet, hiszen minél bölcsebbek vagyunk, annál inkább szeretnénk tanulni másoktól.

Szívből kívánom, hogy olvassák el ezt a fejezetet, és elemezzék mondanivalóját. Végtére is, függetlenül attól, hogy tinédzserek vagyunk-e vagy sem, kétségtelen, hogy mint mindenki más, az olvasó is a boldogság elérésére törekszik, és szeretné elkerülni a szenvedést az életében.

HOGYAN ERŐSÍTSÜK AZ ÖSSZPONTOSÍTÁST

Amint azt már korábban említettem, a boldogság kiváltó okai ugyanazok, akár egy évesek, akár száz évesek vagyunk, de tinédzserként különleges kihívásokkal kell szembenéznünk, és különleges döntéseket kell meghoznunk. Ezért hangsúlyoznunk kell bizonyos sajátosságokat.

Sokan felnőttkorukban megbánással tekintenek vissza tizenéves korukra. Sajnálják az elpazarolt időt és energiát, és arra vágynak, hogy újra tinédzserek lehessenek és másként éljék meg azt, azonban az időt nem lehet visszafordítani. Ezért hihetetlenül fontos, hogy tisztában legyünk a tinédzser évek által nyújtott különleges lehetőségekkel, és bölcsen használjuk azokat.

Talán furcsának tűnik, hogy a tinédzserek, akik fiatalkoruk természetéből adódóan sok energiával és intelligenciával rendelkeznek, hajlamosak ezt jobban elpazarolni, mint az idősebbek. Mi okozza a tinédzserek ilyen viselkedését? Úgy vélem, ez azért van, mert ebben a korban gyakran hiányzik a belső fókuszunk, és ezért könnyen elterelődik a figyelmünk a körülöttünk zajló mindenféle eseményre. Elmerülünk a populáris kultúra termékeiben, mint a filmekben és az internetben. Van egy testünk, amely meglehetősen radikális átalakuláson megy keresztül, és úgy tűnik, hogy a „romantikus szerelem" néven ismert új dolog, sok időnket és energiánkat emészti fel.

Természetes, hogy szeretnénk tetszeni korosztályunk tagjainak, és sok új dolgot ki akarunk próbálni, mégis mivel csak most kezdjük az életünk útját, ezért érzelmileg éretlenek lehetünk. Erre az időszakra jellemzőek lehetnek a rövid távú kapcsolatok, mert nagyon könnyen ráununk dolgokra, vagy irreális elvárásaink vannak. Az unalom gyakori, mert annyira a külső ingerekre támaszkodunk, ha nincs, ami eléggé ösztönöz minket, akkor valószínűleg elveszítjük az érdeklődésünket, mivel a külső dolgokkal való kielégítés iránti igényünk erősebb, mint a tanulási hajlandóságunk.

Furcsa, hogy annyira a külsőségek kötik le érdeklődésünket, amikor a világról alkotott képünk és tudásunk terjedelme annyira korlátozott! Ez nem azt jelenti, hogy ostobák vagyunk. Inkább azt, hogy viszonylagos élettapasztalat hiányunk miatt nehezen ismerjük fel, hogy mire érdemes összpontosítani, és mire nem. Amíg nem alakítottuk ki kellően érett nézetünket, addig energiánkat szétszórjuk mindenre, ami előttünk történik. Ezenkívül elménket annyira eláraszthatják az érzelmek, hogy sokszor nem törődünk cselekedeteink következményeivel, mert nem igazán ismerjük fel őket. Tinédzserként a legfontosabb, hogy alaposan mérlegeljük tetteink motivációját és következményeit.

Gyakorlat: Íme egy egyszerű gyakorlat, amelynek célja, hogy segítsen megtervezni a jövőt, és javítsa az összpontosítást. Minden nap, talán kora reggel vagy lefekvés előtt, öt percet szánjunk arra, hogy átgondoljuk, mit tettünk aznap. Fordítsuk ezt az időt arra, hogy elgondolkozzunk a meghozott döntéseinken és a tetteinken. Például volt valami, ami felzaklatott vagy feldühített? Hogyan kezeltük az érzelmeket? Hogyan befolyásolták ezek tetteinket és döntéseinket? Gondoljuk át alaposan tetteink rövid- és hosszú távú következményeit. Gondoljuk végig minden döntésünk és minden cselekedetünk, függetlenül attól, hogy milyen kicsinek vagy nagynak tűnnek. Ez segít a hosszú távú mentális összpontosításban és a jövő tervezésében.

MIT AKAROK KEZDENI AZ ÉLETEMMEL?

Kamaszként olyanok vagyunk, mint egy új hajtás, amely tavasszal kezd kinyílni. A fiatalság szépsége és frissessége, valamint a teljes és gazdag élet lehetősége áll előttünk. Az élet minden csodálatos lehetősége a miénk. Lehetünk gazdagok és híresek, világvezetők vagy hősök. Segíthetünk a globális felmelegedés csökkentésében, az életet gyengítő betegségek gyógyításában vagy az éhezés megelőzésében. Mindezek a lehetőségek kéznél vannak, bármi lehetséges! És mégis olyan nehéznek tűnik felismerni, hogy mit kell tenni. Honnan tudjuk, hogy melyik utat válasszuk? Kit választunk példaképünknek? Mit tegyünk, hogy eljussunk oda, ahová szeretnénk? Mik a végső előnyei, ha elérjük? Amit végső soron keresünk, az a saját identitásunk, ami természetesen nagyon fontos dolog.

Mivel figyelmünk könnyen elterelődik, gyakran keresünk valami kényelmeset és nem kihívást jelentőt, hogy elfoglaljuk és szórakoztassuk tudatunkat. Gyakran végtelen órákat töltünk az interneten beszélgetve, szöveges üzeneteket küldve vagy zenét hallgatva. A tudatunk rátanul erre a viselkedésre, és mindig kifelé fordulva keresi az örömöt és a szórakozást, nem pedig befelé. Nagyon nehéznek találjuk, hogy csak önmagunkkal legyünk, vagy a jövőnkön gondolkodjunk. Még akkor is, ha megpróbáljuk elképzelni a jövőt és a nyitott lehetőségeket, könnyen elmerülünk a fantáziálásban, vagy csak követjük, amit a barátaink csinálnak.

Ime néhány gyakorlati tanács, amelyet figyelembe vehetünk, amikor a jövőnkről gondolkodunk:

1. Rendelkezünk a szükséges tulajdonságokkal a kiválasztott cél eléréséhez?

Ha híres énekes vagy ismert színész szeretnénk lenni, akkor valószínűleg jó megjelenésre, kellemes hangra és nagyon kemény munkára, valamint szerencsére lesz szükségünk! Fel kell tenni magunknak a kérdést: Tényleg rendelkezem ezekkel a tulajdonságokkal? Van önbizalmam és elhatározásom e cél eléréséhez? Biztos vagyok benne, hogy nem adom fel félúton, mert túl nehéz? Van -e kellő szorgalmam és kitartásom a céljaim eléréséhez? Azért követem ezt a célt, mert nagyon akarom, és nem azért, mert valaki más elvárja tőlem?[17]

Ha a válasz "igen" erre az öt kérdésre, akkor nyugodtan haladhatunk tovább! Megvan, ami kell, és nagyon valószínű, hogy sikeresek leszünk. Ha azonban nem vagyunk biztosak ezekben a kérdésekben, akkor valószínűleg nem érdemes ezt a célt követni, lehet, hogy csak egy fantáziát űzünk, és pazaroljuk az energiánkat. Ha minden értékes időnk és energiánk kárba vész, az megakadályozza, hogy valami mást érjünk el.

2. Ez a cél az egész életünket tekintve hasznos lesz?

Ha egészen biztosak és elszántak vagyunk egy bizonyos cél elérésében, és ez a cél reális, akkor valószínű, hogy ezt el is fogjuk érni, azonban még mindig alaposan meg kell fontolni, hogy ez a cél hasznos -e számunkra, és sok évvel később is lesz értelme.

Ha például az a célunk, hogy híres énekesek vagy sportolók legyünk, gondosan mérlegelnünk kell annak következményeit, ha minden energiánkat egy ilyen álom megvalósítására fordítjuk. Először is figyelembe kell vennünk, hogy csak néhány kivételes ember tud egy ilyen karrierből megélni, és lehet, hogy nagy anyagi nehézségeket okozunk magunknak Ezenkívül nagyon nehézzé válhat a letelepedés, ha állandóan költözködnünk kell, hogy munkát találjunk, és aztán ha sikeresek lettünk, lehet, hogy idősebb korunkban már nem lesz igény a készségeinkre. Ekkor gondjaink lehetnek a normális életvitelben, különösen, ha egy képzeletbeli világban éltünk, vagy soha nem tapasztaltunk semmilyen nehézséget.

Talán kissé furcsán hangzik, de Tibetben néhány szerzetes és apáca olyan híres ember, akárcsak a nyugati kultúra filmsztárjai. Személy szerint soha nem akartam népszerű lámává válni Tibetben, mert mindig egy bizonyos módon kellett volna cselekednem, és rendkívül tudatában lenni a viselkedésemnek. Mindig sok ember vett volna körül, képtelen lettem volna pihenni és természetes módon élni.

Az olvasó valóban elgondolkodott azon, hogy a cél hajszolása és elérése milyen hatással lesz az életére? Még mindig eltökélt szándéka, hogy elérje ezt a célt, és úgy gondolja, hogy ez értelmes életet eredményez? Vannak -e jobb módszerek az értelmes élet folytatására? Ha öntudatosak vagyunk, és a hírneves életet zavarónak találjuk, akkor pazaroljuk drága időnket és energiánkat a róla való fantáziálással. Ismerjük ezt fel, és kezdjük el megvizsgálni a számtalan más lehetőséget, gondosan elemezve őket, majd amikor kiválasztottuk a számunkra megfelelő célt, tudatos elszántsággal koncentráljunk annak elérésére. Ha feltételezésekbe bocsátkozunk vagy kételkedünk önmagunkban, akkor összezavarodhatunk, és elveszíthetjük az utat.

Ha túl nehéznek találjuk, hogy minden kétséget kizáróan egy dolognak szenteljük az életünk, akkor szakaszosan kell elérnünk azt, amit szeretnénk. Bár jó bízni abban, hogy képesek leszünk elérni eszményi céljainkat, mindig a legjobb előre felkészülni a kihívásokra, és készíteni egy biztonsági tervet. Ha a legfontosabb célunk nem valósul meg, akkor ne csüggedjünk el, hiszen a tervünk különböző szinteket kell, hogy tartalmazzon, beleértve a legrosszabb esetet is. A legnagyobb igyekezettel kell bírnunk, de fel kell készülnünk arra is, hogy elégedettek legyünk a legrosszabb eredménnyel is. De soha ne adjuk fel a próbálkozást!

Könnyű azt gondolni, hogy ha keményen dolgozunk, akkor az életünk nehezebb lesz. Mindig emlékeztetnünk kell azonban magunkat, hogy ennek az ellenkezője is igaz lehet, hiszen hosszú távon valójában könnyebbé válhat az életünk, sőt elérhetünk egy olyan stádiumot is, amikor az, ami egykor kemény munkának tűnt, erőfeszítés nélkülivé válik. Másrészt, ha lusták vagy önelégültek vagyunk, az életünk könnyűnek tűnhet, de valójában sokkal nehezebb lesz. Egy dolog azonban óvatosságra int. Néhány ember számára fennáll a veszélye annak, hogy túlságosan célorientálttá válnak, majd elhanyagolják a családot, a barátokat és az élet egyéb fontos vonatkozásait, de legtöbbünk számára az, hogy sok energiát fektetünk a fő célunk elérésébe nagyon érdemleges és értékes törekvés, amíg nem felejtjük el az élet egyéb dimenzióit.

A következetes kemény munka fegyelme javíthatja a fókuszálási és koncentrációs képességünket is. Ha keményen dolgozunk azon, amit érdemesnek tartunk, hatékonyabbá és tisztábbá válhatunk gondolkodásunkban, és végül megélhetjük az eredendő öröm- és elégedettség érzetét, miközben elmerülünk egy adott feladatban. Ha hatékonyabbá válunk, könnyebben tudjuk kielégíteni anyagi szükségleteinket, és ezt követően dönthetünk úgy, hogy leegyszerűsítjük életünket, és időt fordítunk más fontos tevékenységekre, mint a barátságok ápolására, új érdeklődési körök és készségek fejlesztésére, vagy akár dönthetünk a spirituális élet folytatása mellett. Erről bővebben a következő fejezetekben lesz szó.

Mielőtt folytatnám, íme egy rövid történet, amely illusztrálja az eltökéltség fontosságát. Bízom benne, hogy megértik, miért alakult ennyire másképp a két főszereplő élete, és értékelik a fiatal korukban meghozott döntéseik következményeit.

MESE AZ ELSZÁNTSÁGRÓL

Két fiú együtt tanult az észak-indiai Dharamszalában található tibeti gyerekek falujában (TCV), amely olyan, mint egy bentlakásos iskola fiatal tibeti gyerekek számára. Tenzin Dharamszalában született és ott nőtt fel, míg a másik fiú, Jigme Golokban, egy tibeti tartományban született. A két fiú nagyon versenyszellemű volt, és mindig versenyeztek egymással a tanulmányaik során.

A tibetiek és sok ázsiai ember úgy gondolja, hogy a nyugati országok sokkal nagyobb lehetőségeket kínálnak, különösen, ha munkáról és tanulásról van szó. Amikor Tenzin felnő, apja, aki tibeti kormánytisztviselő, Svájcba küldheti majd, hogy jobb oktatásban részesüljön és jobb legyen az élete. Tenzin elmondja ezt Jigmenek, azzal dicsekszik, hogy sokkal sikeresebb jövője lesz, mint iskolatársának.

Bár Jigmét zavarja, hogy nem kapja meg a Tenzinnek biztosított lehetőségeket, megígéri magának, hogy nagyon keményen fog tanulni, hogy utolérje barátját.

Amikor Tenzin megérkezik Svájcba, úgy érzi, a mennyországban van, és egyszerűen nem hiszi el, milyen szerencsés. Minden olyan szép, és minden igénye könnyen kielégíthető. Amikor iskolába jár, nincs gondja a nyelvvel, mert Indiában tanult angolul. Azt gondolja magában: — Nagyon keményen kell tanulnom és jó eredményt kell elérnem, hogy a jövőben a tibeti nép jólétéért dolgozhassak.

Néhány hét szorgalmas tanulás után azonban sok zavaró tényező miatt elveszíti a figyelmét. Mivel Tenzinnek nem olyan erős a jelleme, más dolgok foglalkoztatják, és elveszíti elhatározását a tanulás iránt. Gyakran amikor az emberek sok zavaró tényezővel és szórakozási lehetőséggel szembesülnek, egyre több dologra vágynak, és szem elől tévesztik eredeti céljaikat, mivel annyira a jelen örömére koncentrálnak. Végül, mivel tanulmányai befejezése után nem talál munkát, Tenzin depressziós lesz, és erősen inni kezd, hogy megbirkózzon vele. Élete sokkal rosszabb lesz, mint amikor Dharamszalában élt.

Jigme számára szóba sem jöhet, hogy nyugati országba költözzön, ugyanis lehetetlen vízumot szerezni, és nagyon kevés pénze van. Továbbra is nagyon keményen tanul a tibeti gyerekek falujának iskolájában, de az érettségi után nem tud továbbtanulni, mert indiai iskolába kellene járnia és tandíjat fizetnie.

Így hát Jigme egy nagyon egyszerű konyhát bérel, ahol aludni és lakni tud, az étel készítéséből és eladásából tartja fenn magát. Minden nap hajnali négykor kel, és két órán át kenyeret süt, amit aztán elad az utcán. Majd hazamegy egy felsőfokú angolt, matematikát és számítástechnikát tanulni, amit levelező szakon végez. Este négytől hatig momot főz, ami hasonló a dim simhez, csak kerekebb a formája, és zöldségekkel vagy hússal töltött. Minden este eladja őket, majd éjfélig tovább tanul. Nincsenek szórakoztató tevékenységei vagy örömei, amelyek elvonják a figyelmét. Időnként szomorúnak és magányosnak érzi magát, de soha nincs ideje ezen gondolkodni! Több mint öt évig él így, folytatva hihetetlenül kemény munkáját.

Egy nap Jigme találkozik egy ősz hajú nyugati nővel, Isobel-lel, és beszélgetni kezdenek, miközben momot árul. Nagyon jól kijönnek egymással, és Isobel hamarosan meghívja vacsorázni őt. Kiderül, Isobel svájci származású, de rendszeresen látogat Dharamszalába, mert több tibeti politikusnak segít hazájában. Amikor megkérdezi Jigmét, mi a célja, elmondja neki, hogy egyetemre szeretne menni, és professzor akar lenni.

Vacsora után Jigme elviszi Isobelt, hogy megnézze, hol lakik. Isobel megdöbbenve rossz helyzetén és elszántságán, felajánlja neki, hogy támogatja a svájci egyetemi képzését. Jigme szóhoz sem jut.

Jigme egy ideig azt hiszi, hogy mindez csak álom, és nagyon aggódik, hogy Isobel esetleg meggondolja magát. De mielőtt megtudná, mi történt, Isobel Delhibe megy, és vízumot intéz neki. Egyszerűen nem hiszi el, hogy olyan szerencséje van, hogy Svájcba mehet!

Mielőtt Jigme elindulna, utoléri legjobb barátját, egy fiatal szerzetest, Koncsokát, aki gratulál neki, de aztán komolyabb hangon azt mondja: — Két dologra kell emlékezned, ha Svájcban jársz. Először is, az emberi természetből fakad, hogy ha több van és jobb körülmények között élsz, könnyen elveszítheted a fókuszt és a fegyelmet. Ha nem veszíted el az összpontosításodat, sok mindent elérhetsz és boldog életet élhetsz, de ha a kapzsiság vagy a lustaság áldozatává válsz, nagy szenvedésekkel kell szembenézned. Másodszor, soha nem szabad megfeledkezned a tibeti nép jólétéről, bármilyen jó is a helyzeted.

Jigme megígéri Konchoknak, hogy soha nem fogja elfelejteni ezeket a dolgokat.

Egy héttel később Jigme megkapja a vízumot, és Svájcba költözik. Amikor megérkezik, elképed, és akárcsak Tenzin, ő is azt hiszi, hogy a mennyországban van. Az egyetlen különbség az, hogy Jigme minden nap a legjobb barátja tanácsait tartja szem előtt. Hét éven keresztül nagy erőfeszítéssel tanul pszichológiát az egyetemen, emellett grafikusként is dolgozik számítógépes ismereteit felhasználva. Egy év svájci élet után beleszeret Isobel lányába, Heidibe, és néhány év múlva összeházasodnak. Két évvel később pszichológia professzor lesz, és megnyitja saját praxisát, ami rendkívül sikeres.

Egy nap Jigme professzor nyilvános előadást tart egy híres zürichi egyetemen. Ekkor Tenzin még mindig munkanélküli, magányos, és kábítószer függő. Elmegy az előadásra, mert az a pszichológiáról szól, és úgy gondolja, segíthet neki. Az előadó nagyon ismerősnek tűnik neki. Az előadás közepén Jigme elmeséli, hogy a Tibeti Gyermekfaluban járt iskolába, és van egy Tenzin nevű osztálytársa. Megemlíti, hogy körülbelül tizennégy éve költözött Svájcba, de soha nem hallott felőle, hogy mi történt vele. Tenzin megdöbben, mert rájön, hogy osztálytársa, Jigme tartja az előadást. Nem tudja elhinni, hogy régi riválisa ekkora sikert aratott, miközben az ő élete ekkora kudarcot vallott.

Gondolj bele, hogyan nőhet fel két ilyen hasonló hátterű fiú ennyire eltérően. Emlékszel arra a két dologra, amelyek Jigme számára a legfontosabbak voltak, és inspirálták, hogy elérje, amit akar? Gondold át azt is, hogyan inspirálhatná az életedet egy olyan cél elérésére, amely valóban jelentős a számodra, és milyen változást hozhat ez.

AZ ÖNBIZALOM SZÜKSÉGESSÉGE

Tinédzserként nagyon érzékenyek vagyunk mások véleményére. Ez megint csak azért van, mert még nem alakult ki elég belső fókuszunk ahhoz, hogy megismerjük önmagunkat, és valóban értékeljük tetteink pozitív és negatív következményeit. Akinek sok tapasztalata és bölcsessége van, az soha nem lesz tudatos arra, hogy mások mit gondolnak. Ez azért van így, mert ők maguk ítélhetik meg, mi a jó és mi a rossz, mi éri meg és mi nem, mire összpontosítsák az energiájukat, és mi az, ami időpocsékolás. Tinédzserként azonban a viszonylag korlátozott világi tapasztalatunk azt jelenti, hogy nem valószínű, hogy ilyen megkülönböztető tudatossággal rendelkezünk. Szűklátókörű az észlelésünk, mint a tű foka, könnyen beleeshetünk abba a csapdába, hogy túlságosan mások véleményére hagyatkozunk.

Ez nem csak a nyugati tizenévesekre igaz. Még a tibeti kis falumban is az imázsom megszállottja voltam, és nagyon tudatosan figyeltem arra, hogy mások mit gondolnak. A családommal és a hozzátartozóimmal mindig természetesen viselkedtem, hiszen nem éreztem olyan fontosnak, hogy velük minden tökéletes legyen. Ha azonban a barátaim vagy mások a közösségből hozzánk jöttek, bármit is csináltam, vagy ahogyan a szüleim, testvéreim, sőt a rokonaim is viselkedtek, teljesen zavarba jöttem, ha nem volt minden tökéletes. Ha most visszatekintek, egyértelmű számomra, hogy hamisan viselkedtem a barátaim és ismerőseim előtt, csak azért, mert kétségbeesetten szerettem volna, hogy jó véleménnyel legyenek rólam.

Tinédzserként befolyásunk mértéke általában korlátozott. Ennek eredményeként a megértésünk is korlátozott. Sok barátra vágyunk, szeretnénk ha szeretnének és népszerűek akarunk lenni, ezért hajlamosak vagyunk a kortársaink érdeklődéseit követni. Igyekszünk viccesek és szórakoztatóak lenni. A fiúk különösen azt szeretnék, ha a kortársaik „menőnek" tekintenék őket, és hogy ezt a képet fenntartsák, dicsekszenek a barátnőikkel, vagy gúnyolódnak másokkal. A lányok viszont hajlamosak aggódni a megjelenésük miatt, és sok időt és pénzt költenek sminkre, ruhákra és hajvágásra, hogy vonzóbbnak érezzék magukat. Az imázs a legfontosabb szempont, és ezt a hangsúlyt a média és a kortárscsoportok is ösztönzik.

Ha azonban alaposan átgondoljuk, azt fogjuk tapasztalni, hogy csak az aggaszt bennünket, hogy a korunkbeliek hogyan látnak minket, anélkül, hogy igazán törődnénk azzal, hogy a világ többi része mit gondol rólunk. Nem igazán foglalkozunk azzal sem, hogy milyen jövőbeli következményekkel járhat, ha ennyire aggódunk jó énképünkért. Ha ez megszállottsággá válik, vakok lehetünk a világ valóban értékes dolgaira. Néha tetoválással vagy piercinggel díszítjük gyönyörű fiatal testünket. Bár nincs semmi baj azzal, ha gyönyörűnek akarunk látszani, és büszkék akarunk lenni egyedi személyiségünkre, gondoljunk arra, hogy egy nap talán zavarba jövünk testünk - az önképünk kedvéért tett - túlzott díszítésének látványától. Ne feledjük, a divat nagyon gyorsan változik!

Néha az énkép megszállottsága még károsabb viselkedéshez vezethet. Mindannyian tisztában vagyunk a drogok, a cigaretta és az alkohol káros hatásaival, mégis gyakran csábítanak bennünket, hogy „menőnek" tűnjünk társaink előtt, vagy az önbizalomhiány kompenzálására. Ennek tudatában elszántságra, önfegyelemre és bölcsességre van szükségünk ahhoz, hogy megóvjuk testi és lelki egészségünket e káros anyagok hatásaitól.

Ahogy idősödünk és tapasztaltabbak leszünk, a legtöbb ember önbizalma növekszik, és többé nem törődik azzal, hogy mások mit gondolnak, már nem hajtja őket a népszerűség vágya. Bölcsebbé válva jobb döntéseket hozunk saját megfigyeléseink, nem pedig mások véleménye alapján. Sajnos nincs olyan mágikus trükk, ami hirtelen belső fókuszt és önismeretet adna nekünk, hiszen ezt saját magunknak kell elérnünk a fejlődésünk során a tanulás és élettapasztalat által. Amikor azonban azon kapjuk magunkat, hogy megpróbálunk lenyűgözni egy másik személyt, hasznos, ha feltesszük magunknak ezt a kérdést: Miért olyan fontos számomra a véleménye? És én magam mit gondolok erről a kérdésről? Ez a fajta folyamatos önvizsgálat elősegíti a belső fókusz kialakítását, és fokozatosan megértjük saját tudatunkat.

SZEX, DROGOK ÉS ROCK AND ROLL

Korábban említettem néhány önkárosító magatartást, amellyel az emberek tinédzser korukban kísérleteznek, különösen a kábítószer- és a túlzott alkoholfogyasztást. Nagyon ellenzem a kábítószer- és alkoholfogyasztást, talán azért, mert felnőtt koromban soha nem voltam kitéve ezeknek, és ezért könnyen átlátom, milyen károkat okozhatnak. Nyugaton a férfiak gyakran nyomást éreznek az alkohol ivására, hogy ezáltal férfiasabbnak tűnjenek, és úgy tűnik, egyes nők úgy gondolják, az ivás sokkal nyitottabbá, magabiztosabbá és kívánatosabbá teszi őket a férfiak számára. Ezeket az elképzeléseket gyakran egy korlátozott vagy szűk látókörű, alternatív kulturális hatásokkal nem rendelkező társadalom támogatja. Például a tibeti Golok tartományban egyik nő sem dohányzik vagy iszik, és a férfiaknak csak körülbelül öt százaléka vesz részt ezekben a tevékenységekben.

Sokan azt hiszik, hogy az élet alkohol és drogok nélkül unalmas, de én megkérdőjelezném ezt a gondolatot. Unalmasabb lenne az, akinek soha nem fáj a feje, mint az, akinek fáj a feje, és gyógyszerrel enyhíti? Hasonlóképpen, az, akinek nincs viszketése, unalmasabb, mint az, aki a viszketését vakarással enyhíti? A kábítószerekre gondolhatunk annak példájaként, hogy mit értenek a buddhisták függővé válni a vágytól – a kábítószer használata örömteli érzést kelt, és ez ahhoz vezet, hogy még több ilyen érzés után vágyunk. Végül eljöhet az a pont, amikor a vágy eluralkodik az életünkben, és minden időnket csak azzal töltjük, hogy ezt a vágyat kielégítsük, anélkül, hogy valóban kielégítenénk. Nem azt mondom, hogy a drogok nem élvezetesek vagy szórakoztatóak, ha bevesszük őket; hanem azt, hogy rendkívül kellemetlen hatás léphet fel, amikor a drog hatása elmúlik. Nagyon ártalmas dolgokat tehetünk ezeknek a drogoknak a hatása alatt, és nagy a veszélye annak, hogy elveszítjük az irányítást az életünk felett.

Még ha nem is válunk függővé, a drogfogyasztás súlyosan károsíthatja a testet és a szellemet. Egyszeri kábítószer-fogyasztás súlyos mentális betegséget válthat ki, vagy ártalmas viselkedéshez vezethet. Orvos barátaimtól gyakran hallottam olyan fiatalokról szóló történeteket, akiket a kórházi sürgősségi osztályokon láttak el, akik kábítószert fogyasztva ártottak maguknak vagy másoknak a drogok hatása alatt. Minden drog képes erre. Még az ártalmatlannak vélt kábítószerek is, mint például a marihuána, káros hatással lehetnek az agyra, és súlyos mentális betegségekhez, például skizofréniához vezethetnek.

Sajnos sok fiatalnak az az elképzelése, hogy a drogok spirituális élményekhez vezetnek, és a szokatlan dolgok látását vagy érzékelését tévesen „spirituális fejlődésnek" tartják. Ez egy teljesen torz nézet, mert a spirituális felismerés nagyobb önuralomhoz, szilárdsághoz és a valóság jobb megismeréséhez vezet. Ezzel szemben a drogok által elveszítjük az önmagunk irányítása feletti képességünket, pusztán illuzórikus élményekhez vezetnek, és elveszítjük kapcsolatunkat a valósággal.

Ugyanúgy, ahogy a kábítószerek által keltett érzetek iránti vágy, úgy a szexuális élvezetek iránti vágy is elhatalmasodhat. Nyugaton sokan úgy gondolják, hogy a szex vagy a szerelem iránti vágy a természet megállíthatatlan és mindent elsöprő ereje, és sokan azt is gondolják, hogy a kábítószerekkel vagy az alkohollal ellentétben a szex egy természetes vágy, vagy akár egy szükséglet az életben. Természetesen igaz, hogy egyetlen ember sem létezne a szülei szexuális egyesülése nélkül, és nem azt mondom, hogy a szex szükségszerűen rossz vagy egészségtelen. Van azonban két fontos szempont, amelyet úgy gondolom, hogy figyelembe kell vennünk.

Az első az, hogy nagyon fontos a szexuális tevékenységünk motivációja. Tiszta szándékkal gondolunk a szexre, hogy megmutassuk őszinte szeretetünket és törődésünket valaki iránt, vagy hogy gyermeket nemzünk, hogy átadhassuk a bölcsességet és tudást a következő generációnak? Vagy egy irreális elvárás vagy fantáziánk kielégítésére akarunk szexelni, az önuralom elvesztése miatt, vagy akár azért, mert jól akarunk feltűnni társaink előtt? Fontos megérteni, hogy a férfi és nő közötti szexuális energia hihetetlen potenciállal rendelkezik, amely valami sokkal mélyebbé és erősebbé fejlődhet, mint azt a legtöbb ember gondolja, sőt rendkívüli belső képességgé válhat. Ennek felfedezéséhez azonban számos feltételnek kell jelen lennie minden egyes emberben; mindenekelőtt mindkét partnernek tiszta szándékkal kell rendelkeznie, és a kapcsolatot soha nem lehet erőltetni – mindig természetes módon kell kialakulnia.

Ha nem tudunk kapcsolódni ehhez a gondolathoz, akkor legalább tudnunk kell, hogy a szexuális kapcsolatok közel sem olyan egyszerűek, mint gondolnánk. Valójában nyolc különböző komplexitási szint azonosítható, amelyek fokozatosan mélyebbek és jelentősebbek.

A legalacsonyabb az állati szint, amikor csak fizikai érzetet keresünk, vagy az ösztön, étvágy kielégítését, mint például, amikor eszünk és iszunk.

A második szint a tranzakciós szint, amelyen egy kicsit jobban értjük, hogy mit csinálunk, de a motiváción alapszik, így nagyon kicsi az esély a valódi kapcsolat kialakítására. Az alkalmi kapcsolatok gyakran előfordulnak ezen a szinten.

A harmadik szint a hétköznapi emberi szexualitás. Ez az ahol létrejön a szexuális egyesülés két szerelmes ember között, így nagyobb a kapcsolat érzése, több az öröm és jobb a kapcsolat. Ez a fajta vonzalom azonban általában a vak ragaszkodáson alapul, és valószínűleg nem elégít ki mást, mint a rövid távú fizikai és érzelmi szükségleteket.

A negyedik szint a képzettségi szint, amelyen mindkét fél szükségletei jobban kielégíthetők, mert nagyobb tudással rendelkeznek. Jobban képesek kezelni a problémákat és javítani kapcsolatukat, bár kapcsolatuk mélysége korlátozott, mert ez a tudás főleg intellektuális szinten jelentkezik. A két partner közötti szerelem még mindig kicsit mesterkélt, közel sem olyan természetes vagy spontán, mint amilyen lehetne.

Ezután következik az ötödik szint — a jó körülmények szintje —, ahol mindkét partner fizikai jóléte és érzelmi érettsége fejlettebb, és a nagylelkűség és a megbecsülés természetes áramlása jellemzi. Ez nagyobb esélyt ad a valódi szerelem virágzására, és a szexuális kielégülés szintje is sokkal magasabb.

A hatodik szint a spiritualitás megjelenése. Ebben a szakaszban a könyvben említett jó belső tulajdonságok mindegyike nagyon fejlett mindkét partnerben, különösen a nagylelkűség, a hála és a tiszta érzékelés. A boldogságról szerzett tapasztalatunk mélyebb, nemcsak az érzés szintjén, hanem a hagyományos gondolkodáson túlmutató szinten is, és ez a boldogság az eredendő, természetes bölcsesség egy formáját tartalmazza.

A hetedik szint a spirituális mesteri szint. Minden korábban említett tulajdonság kifejlődik, csakúgy, mint az energiaáramlás szabályozásának képessége az úgynevezett „finom testben"[18], amely csatornákból, belső szélből és finom esszenciákból áll. A finom test nem tárgyilagosan létezik; inkább az energia gyönyörteli áramlását írja le, amelyeket a szexuális egyesülés során tapasztalunk. A bölcsesség és a gyönyör tudatosságának egyesülése egyre hatalmasabbá válik, akár partnerrel, akár anélkül, amíg teljesen függetlenné nem válik a külső feltételektől.

Végül, a nyolcadik szint teljesen túl van az olyan fogalmakon, mint a tér és az idő, és úgy fogható fel, mint a bölcsesség és a nem-változó gyönyör tudatosságának elválaszthatatlan egyesülése, vagy maga a megvilágosodás.

Még ha ennek nincs is értelme számunkra, pusztán a kíváncsiság és a szándék, hogy többet megtudjunk ezekről a magasabb szintekről, hatalmas nyereséghez vezethet bennünket. Alapvetően a döntő pont az, hogy megpróbáljuk kialakítani a valódi nagylelkűség és megbecsülés hozzáállást. A partnerünk jobb vagy tisztább érzékelésének kialakítása sokkal fontosabb, mint a tökéletesség keresése bennük, mivel az, ahogyan látjuk őket, leginkább a gondolkodásmódunktól függ – ahogy

Shakespeare mondta: „Semmi sem jó vagy rossz, pusztán a gondolkodás teszi azzá". Fontos, hogy legalább arra törekedjünk, hogy a szexet ritka és értékes dolognak tekintsük; ha úgy gondoljuk, hogy ez csak egy olyan alapvető szükséglet, amelyre rutinszerűen szükségünk van, mint például az ételre vagy az italra, akkor soha nem lépünk túl az alacsonyabb szinteken, és nagy veszteségeket élünk meg.

A második észrevételem az, hogy a szex nem mindenki számára elengedhetetlen az életben. Gazdag, eredményteli életet szex nélkül is el lehet érni – sőt, ez néha sokkal könnyebben elérhető szex nélkül! Itt arra gondolok, hogy sok nehézség adódhat a szexualitás következtében, beleértve azokat a helyzeteket is, amelyek féltékenységhez, haraghoz, megbánáshoz vagy egy vagy több ember iránti megszállottsághoz vezetnek. Ezek mind eltávolítanak minket attól, hogy arra összpontosítsunk, ami igazán fontos az életünkben. Ez nem jelenti azt, hogy ne szeressünk másokat, vagy kerüljük az intim kapcsolatokat; inkább fel kell ismernünk, hogy kielégítő kapcsolatokat lehet szex nélkül is felépíteni, és ezek gyakran sokkal kevesebb énközpontú aggodalmat tartalmaznak, mint azok a kapcsolatok, ahol a szex elsődleges fontosságú.

HOGYAN LEGYENEK JOBB KAPCSOLATAINK

Mielőtt kritizálsz valakit, gyalogolj egy mérföldet a cipőjében.
— Közmondás.—

∽

A tinédzserek gyakran azt gondolják, hogy a „kapcsolat" fogalma elsősorban a barát-barátnő kapcsolatra vonatkozik. Tinédzserként azonban a legfontosabb kapcsolataink a családunkkal és a barátainkkal vannak. A kapcsolatok rendkívül fontosak egész életünkben. Ha jól mennek, jobban érezzük magunkat, olyanokkal körülvéve, akik szeretnek és törődnek velünk. Amikor rosszul mennek, borzasztóan érezhetjük magunkat. Sokan azt hiszik, hogy az, hogy kijövünk-e valakivel vagy sem, teljesen az irányitásunktól független, mintha ez egyfajta ösztön lenne. Az igazság azonban az, hogy mindannyian nagymértékben befolyásoljuk kapcsolataink minőségét, és hasznos tudni, hogyan tudjuk ezt a magunk javára fordítani, különösen a konfliktusok leküzdésére.

Fiatal koromban elégedetlen voltam az otthonommal, és gyakran mindent megtettem azért, hogy apám engedélyével a szomszédunknál maradhassak. Függetlenül attól, hogy milyen szép volt az otthonom, vagy milyen finomak voltak az ételek, máshol kerestem az otthont, amely néha kényelmetlen, sőt piszkos volt, és az étel ízetlen és egyszerű volt.

Tinédzserként sokan egyhangúnak és unalmasnak találjuk a családdal való életet, ezért máshol keressük a szabadságot és a függetlenséget. Mivel azonban nem vagyunk képesek anyagilag fenntartani magunkat, ezért nem tudunk elköltözni otthonról, nehéz igazán függetlennek lenni. Így hát különböző baráti körökbe lépünk be, és több időt szeretnénk velük tölteni, mint a családunkkal, ez pedig konfliktust okozhat otthon.

Természetesen sok-sok egyéb dolog is konfliktust okozhat a tinédzserek és szülők között, vagy ami azt illeti a tinédzserek és bárki más között! Azt gondolhatjuk, hogy a szüleink unalmasak és régimódiak, vagy azt gondolhatjuk, hogy nem bíznak bennünk eléggé, és ostobának tüntetnek fel minket a barátaink előtt. Mindazonáltal nem számít, miről vitatkozunk vagy kivel vitatkozunk, a másokkal való konfliktusok megoldásának módszerei mindig ugyanazok.

Minden embernek, bármennyire is különbözünk egymástól, ugyanaz az alapvető szükséglete és alapvető vágya, hogy boldog legyen. Ha meg akarjuk oldani a konfliktusokat másokkal, emlékeznünk kell arra, hogy olyanok vagyunk, mint ők, így megérthetjük, miért viselkednek úgy, ahogyan. Próbáljuk meg egy kis időre a másik személy helyzetébe helyezni magunkat. Ha konfliktusunk van az anyánkkal, próbáljuk meg beleképzelni magunkat az ő helyzetébe. Ha tényleg megpróbáljuk, akkor képet kaphatunk arról, hogyan érzi magát a másik, és miért viselkedik úgy, ahogyan. Gondoljunk arra, hogyan szeretnénk, hogy bánjanak velünk ebben a helyzetben, még akkor is, ha úgy gondoljuk, hogy nincs igaza, bánjunk vele ugyanúgy. Képzeljük el, hogy nekünk is vannak gyerekeink, és hogyan szeretnénk, hogy bánjanak velünk, majd bánjunk a szüleinkkel is ugyanígy.

Ne feledjük, nem az érdekel bennünket, hogy mi a helyes vagy helytelen, hanem az, hogy megtaláljuk a legügyesebb módot egy adott helyzet kezelésére. Ugyanezt a technikát gyakorolhatjuk életünk bármely kapcsolatában, például tanárainkkal, testvéreinkkel vagy barátainkkal. Valóban elképesztő belátást nyerhetünk arról, hogy mások miért viselkednek úgy, ahogyan, ha képesek vagyunk a helyzetükbe képzelni magunkat.

HÁLA

A mások iránti hála érzése javítja a velük való kapcsolatunkat is; és amint korábban említettem, a hála az egyik alapvető mentális tulajdonság, amely a boldogsághoz vezet. Itt van egy módja annak, hogy hálát érezzünk a szüleink felé. Gondoljunk arra, hogy a szüleink mit tettek értünk az évek során – gondoskodtak fizikai szükségleteinkről és megtanítottak eligazodni a világban –, és gondoljunk arra, hogy milyen erőfeszítéseket és áldozatokat hoztak értünk. Még ha időnként nehéz is volt a kapcsolatunk velük, senki más nem tett volna ennyit értünk. Ha igazán belegondolunk, nem tudunk mást érezni, mint hálát! Ez a hála érzése közvetlenül és közvetve is segíthet abban, hogy boldognak érezzük magunkat. Azonnali melegséget és közelséget hoz, és hosszú távon kapcsolatunk biztosan javulni fog, mivel nagyobb kedvességgel fogunk bánni velük.

Ha azonban nehezünkre esik hálásnak lenni a szüleinknek, ne feledjük, hogy ők is negatív érzelmek uralma alatt állnak, ahogy időnként mi is. Ahelyett, hogy kritikus vagy ellenséges hozzáállást tanúsítanánk, vagy elkeserednénk, inkább felhasználhatjuk ezt arra, hogy fokozzuk az irántuk való együttérzésünket és nagyobb érzelmi erőt fejlesszünk ki. Ha haraggal vagy neheszteléssel válaszolunk rájuk, elszalasztunk egy értékes lehetőséget, hogy megmutassuk, valóban nagyon törődünk velük.

Gyakran meglepődöm, amikor a szülők iránti háláról beszélek nyugati fiatalokkal. Általában a szülők igyekeznek minden lehetséges előnyt megadni gyermekeiknek, de még mindig mindennapos, hogy a fiatalok panaszkodnak rájuk, és esetleg úgy érzik, hogy nem szeretik őket. Ez egészen más, mint a környezet, amelyben felnőttem. Kívülről nézve a tibeti szülők sokkal szigorúbbnak tűnnek, mint a nyugati szülők, és gyakran alkalmaznak fizikai büntetést, ha gyermekeik nem engedelmeskednek nekik. A tibeti kultúrában azonban, amelyet nagymértékben befolyásol a buddhizmus, a szülők iránti tisztelet és hála erősen hangsúlyos, és nagyon ritka, hogy a szülőket okolják az élet nehézségeiért. Bár családi helyzetünk elemzése bizonyos belátással szolgálhat számunkra, soha nem hasznos, ha hibáztatáshoz és neheszteléshez vezet.

AZ EGYÜTTÉRZÉS FONTOSSÁGA

Talán azt gondoljuk: Nos, konfliktusom van a húgommal vagy az anyámmal, de ez a konfliktus nem az én hibám, hanem az ő hibája! Lehet, hogy nagyon erősen próbáljuk megérteni, miért viselkedik így, de még mindig arra a következtetésre jutunk, hogy teljes mértékben ő a hibás. Nem hiszem, hogy ez túl gyakran történik meg, legtöbbször, amikor valóban megpróbáljuk értékelni egy másik személy nézőpontját, azt tapasztaljuk, hogy részben mi is hibásak vagyunk, akárhogy is, ha valóban megpróbáltuk figyelembe venni a másik személy nézőpontját, és őszintén érezzük, hogy mindent megtettünk a konfliktus megoldása érdekében, de hiába, akkor talán úgy gondoljuk, hogy jogunk van dühösnek és megbántottnak érezni magunkat.

Azt kérdezem azonban, hogy haragot és nehesztelést érezve, kit bántunk? Hadd magyarázzam meg. Mondjuk, hogy összevesztünk a barátunkkal, mert megszeretett egy másik személyt. Féltékenységet és fájdalmat érzünk, amiért úgy tűnik, minden figyelmét erre az új barátra fordítja, miközben figyelmen kívül hagy minket. Talán nem veszi figyelembe az érzéseinket, pusztán önmagára összpontosít, és ez szenvedést okoz nekünk. Válaszolhatunk erre úgy, hogy barátunk rossz tulajdonságain elmélkedünk, vagy gondolhatunk arra, milyen szerencsétlenek vagyunk, és hagyjuk, hogy a düh és a féltékenység felfaljon bennünket, ez azonban csak szenvedést okoz. Valószínűleg egyre többet fogunk ezen a helyzeten elmélkedni, ahogy a harag és a féltékenység kis lángja tomboló futótűzzé válik, teljesen lerombolva lelki békénket. Alternatív megoldásként azt gondolhatjuk: Nos, ez a barát szenvedést okoz a saját szűklátókörű gondolkodásmódja miatt, ami hosszú távon ártalmas számára. Ahelyett, hogy dühös lennék, a megbocsátást és az együttérzést fogom gyakorolni.

Igyekezzünk kedves és szeretetteljes gondolatokat táplálni e barát felé, és gondoljunk mindenre, amit szeretünk benne. Ha kedvességet és együttérzést érzünk iránta, akkor érezni fogjuk, ahogyan a boldogság növekszik bennünk. Garantálom.

EGY KICSIT A SZABADSÁGRÓL

Korábban említettem, hogy tinédzserként gyakran önállóságot vagy „szabadságot" akarunk. A modern világban azonban úgy tűnik, hogy sokan összekeverik a hamis szabadságot a valódi vagy belső szabadsággal. A hamis szabadság magában foglalja azt a szabadságot, hogy azt tegyük, amit csak akarunk, és azt is, hogy ne kelljen másoktól függeni. Ez a fajta szabadság távolságot teremt önmagunk és mások között. Végső soron ez magányhoz vezet, mivel szükségleteink szerint fogadjuk és utasítjuk el az embereket, ahelyett, hogy őszintén viszonyulnánk hozzájuk. Ez végül szenvedést okoz számunkra. A hamis szabadság sok problémát is okozhat, például a család és a barátok közötti nézeteltérést és diszharmóniát, de ha nagylelkűek és önzetlenek vagyunk, harmóniát és közelséget teremtünk, ezáltal sokkal boldogabbak leszünk.

Az igazi szabadság a teljes függetlenségből fakad. Ez nem azt jelenti, hogy mindenkit elutasítunk körülöttünk, és távolságot tartunk magunk és mások között, hanem azt, hogy uraljuk saját tudatunkat, és ezért mentesek vagyunk attól, hogy ösztönösen vagy automatikusan reagáljunk a külső eseményekre. Fontos hangsúlyozni, hogy mind a jó, mind a rossz külső eseményekre gondolok, mert az igazi szabadság azt jelenti, hogy a tudatunk és az érzelmeink állandó irányítás alatt állnak, bármi történjék is. Ez különösen a fiatalok számára nehezen megfogható fogalom, de ne feledjük, ha könnyen elsodornak bennünket a külső események és az általuk generált érzelmek, akkor ezeknek az eseményeknek a foglyai vagyunk, és szabadságunk mindig korlátozott lesz.

ÖNVIZSGÁLAT – DÖNTÉSHOZATAL

Gondolj a közelmúltban hozott nagy döntéseidre. Hogyan hoztad meg őket? Kértél tanácsot olyan emberektől, akik nagy élettapasztalattal rendelkeznek? Alaposan mérlegelted döntésed minden következményét?

Reálisak vagy irreálisak voltak az elvárásaid? A legrosszabb forgatókönyvre gondoltál? Voltak tartalék terveid? Teljesen őszinte voltál magadhoz, vagy azért döntöttél így, mert le akartál nyűgözni valakit? Minden lehetséges lehetőséget mérlegeltél?

Most gondolj a meghozandó döntésekre. Ismét tedd fel magadnak ezeket a kérdéseket, ügyelve arra, hogy gondosan mérlegelj minden lehetőséget. Most ülj egyenesen, egyenes gerinccel, lazítsd el a tested, vegyél néhány mély lélegzetet, és tisztítsd ki a tudatod. Ha őszinte vagy önmagadhoz, mi a legjobb döntés?

ÖTÖDIK FEJEZET

Második Esély a Bölcsesség Fejlesztésére

Ha boldog és tartalmas életet szeretnénk, döntő fontosságú, hogy megértsük és emlékezzünk a boldogság okaira és feltételeire. A boldogság és a boldogtalanság nem véletlenszerű állapotok, és nem is a jó vagy a balszerencse függvénye. Bár a külső események hozzájárulhatnak boldogságunkhoz, alapvetően a belső énünktől függ. A boldogság csak akkor lehet a miénk, ha rendelkezünk megfelelő mentális attitűddel, és ez az egészséges szellemi tulajdonságok fejlesztéséből fakad.

Az emberek nagyon kis hányada természetesen rendelkezik megfelelő mentális hozzáállással. Ezek az emberek sokkal boldogabbak és sokkal kitartóbbak a nehézségekkel szemben, mint mások; és sokkal kevesebb olyan negatív érzelmet élnek át, mint például a depresszió. A legtöbbünk azonban nem rendelkezik ilyen természetes hozzáállással, ezért tudatosan képeznünk kell magunkat, különösen az olyan tulajdonságok művelésére, mint a hála és az együttérzés. Folyamatos és odaadó erőfeszítéssel fokozatosan kialakíthatunk egy olyan tudatot, amely külső körülményeinktől függetlenül békés és elégedett.

Fiatal felnőttként, aki fejleszti az önállóságot, és felfedezi, hogyan lehet nyomot hagyni a világban, számos fontos döntéssel kell szembenéznie az életben, a szerelemben és a kapcsolatokban. Ezért beszélek ezekről a kérdésről, valamint azokról a szellemi minőségekről, amelyek ebben a korban a legfontosabbak.

Felelősség és Döntés

Életünknek ezen a pontján teljes mértékben felelősek vagyunk jövőbeli jó létünkért, és nagy lehetőségünk van elérni valamit, ha elég erős az ösztönző erő és az elszántság bennünk. Néha megterhelőnek érezhetjük az erőfeszítések és tevékenységek megválasztását, ezért szeretnék néhány iránymutatást javasolni, és különösen megemlíteni pár fontos külső körülményt, amelyekre törekednünk kell, ha békés és boldog életet akarunk élni. Ezek buddhista elképzelések, de bárki körülményeihez alkalmazhatók. Hasznos lehet ezeket átgondolni, amikor eldöntjük, hogy milyen életmódot és karriert szeretnénk folytatni, valamint, hogy milyen célokat szeretnénk kitűzni az életünkben.

1. Elegendő Jövedelem

Amíg nem éljük a lemondás életét, elfordulva minden világi céltól, rendelkeznünk kell bizonyos fokú vagyonnal, hogy gondoskodni tudjunk magunkról. Ha képesek vagyunk megtakarítani egy kis pénzt, és egészségesen felhalmozni a vagyont és tulajdont, akkor a jövő biztonságát élvezhetjük. Fontos azonban, hogy ezt anélkül tegyük, hogy illegális kereskedésbe vagy ártalmas tevékenységbe keverednénk. Ártalmas szakmai tevékenység lehet egy vágóhíd vagy kereskedelmi halászati vállalkozás vezetése, egy olyan laborban való munkavégzés, ahol sok állat megöléséért vagyunk felelősek, vagy ha tábornokként dolgozunk egy háborúban álló hadseregben. Ha nincs más választásunk, mint hogy részt vegyünk az ilyen típusú munkában, vagy a motivációnk lényegében tiszta, a következmények nem lesznek olyan hatalmasak, máskülönben az ilyen típusú munkák végzése nagy valószínűséggel káros hatással lesz hosszú távú boldogságunkra, még akkor is, ha ezt kezdetben nem vesszük észre. Az illegális kereskedés, mint például a kábítószer-, fegyver- vagy lopott áruk kereskedelme, szintén megzavarják lelki békénket, és akadályt jelentenek a jövőbeni boldogságban.

2. Okos Pénzkezelés:

Fontos, hogy a pénzünket nyereségesen költsük el, családtagjainkról gondoskodva és érdemdús tevékenységeket végezve. A fösvények nagyon ragaszkodnak a pénzhez, és nehezen költik el. Még ha vásárolnak is valamit, folyamatosan arra gondolnak, hogy mennyibe került, így soha nem lesz igazi esélyük arra, hogy élvezzék, amit megszereztek. Sokan felesleges dolgokra költenek csak azért, hogy jól érezzék magukat, vagy pillanatnyi vágyaikat kielégítsék, ennek ellenére ez a szokás általában mohóságon vagy hirtelen felinduláson alapul, és valószínűleg megfosztja őket a jövőbeni boldogságtól. Ehelyett fontos, hogy fontossági sorrendet állítsunk fel pénzünk elköltésének módjára, őszintén értékeljük azt, amit vásároltunk, és ügyeljünk arra, hogyan kerülhetjük el az ártalmas intézmények támogatását és a környezet pusztítását. Ezenkívül alaposan meg kell fontolnunk, hogyan fektessük be a felhalmozott megtakarításainkat, és minden bizonnyal jó ötlet ezt a kérdést olyan emberekkel megvitatni, akik jártasak a pénzügyek kezelésében. A pénznek gyakran negatív jelentése van, de magával a pénzzel nincs semmi baj; valójában nagyon hasznos lehet. Az egyetlen probléma az, hogy hogyan tekintünk rá vagy hogyan használjuk.

3. Adósságmentesség

Ha tartozunk másoknak, akár anyagilag, akár más módon, nem biztos, hogy sok nyugalmunk lesz, amíg az adósságot nem rendezzük. Az emberek gyakran eladósodnak, hogy átmeneti boldogságot szerezzenek, ám az adósság aránytalanná válik a megszerzett jövedelemhez képest. Ez hosszú távon sok nehézséget okoz, és a hitel kamatainak visszafizetése még keményebb munkára kényszerít bennünket. Néha, ha ténylegesen látnánk ezt az adósságot, hegyként magasodna előttünk! Ha nagylelkű és kedves emberek vagyunk, és adósságot halmozunk fel azzal, hogy másokra pénzt költünk, az nem az adományozás bölcs módja, mivel az általunk fizetett kamat sokkal hasznosabb célt is szolgálhat.

4. Nem Ártani Másoknak

Ha valakit bántottunk vagy valakinek ártottunk, nem élvezhetünk semmiféle elégedettséget, ha a tetteinkre gondolunk. A másoknak ártás következményei, legyen az fizikai vagy lelki előbb-utóbb mindig bumerángként térnek vissza hozzánk. Néha ezek a következmények nyilvánvaló módon jelentkeznek, máskor viszont homályosabbak. Még a halálos ágyunkon sem menekülhetünk el tetteink következményei elől, és nehezen találjuk meg a lelki békét, ha másoknak ártunk életünk során.

VÁLASZTÁS A SPIRITUÁLIS ÉS A VILÁGI ÉLET KÖZÖTT

Ahogy korábban említettem, számtalan lehetőség és út áll előttünk az életünkben. Lényegében azonban két fő út van, amelyek között döntenünk kell: a spirituális élet és a világi élet között. Ha a világi életet választjuk, döntenünk kell, hogy párkapcsolatban vagy egyedül akarunk élni.

A spirituális életről ezen a ponton nem mondok sokat, mert ez valószínűleg kissé bizarrnak vagy irreálisnak tűnhet a legtöbb fiatal számára a mai modern világban. Lényegében a spirituális élet egy olyan élet, amelynek célja, hogy megtaláljuk a belső békét és a teljes szabadságot minden irányíthatatlan gondolatainktól és érzelmeinktől, ugyanakkor ez egy olyan élet is, amelyben hajlandónak kell lennünk lemondani minden világi kötődésről, amelyek közül sokat természetesnek tartunk, azért hogy intenzíven koncentrálhassunk a spirituális gyakorlatra egy képzett tanító irányítása mellett. Ha ezt az utat szeretnénk követni, akkor ezt a legnagyobb körültekintéssel kell megtenni. Nem szabad az egész életünket azzal töltenünk, hogy különféle vallásokból és gyakorlatokból mindent összegyűjtünk. Ehelyett kulcsfontosságú, hogy találjunk egy hiteles, bevált spirituális hagyományt és egy hiteles, valódi spirituális vezetőt és közösséget.

Szerencsére a világ nagy bölcsesség hagyományai sokféle ösvényt kínálnak a különböző hajlamú és képességű embereknek – a szellemi beállítottságúaknak, a természetes odaadással rendelkezőknek vagy azoknak, akik könnyen meditálnak. A mi kultúránkban lehetséges, hogy valaki teljes mértékben részt vesz a spirituális életben, miközben megtartja a munkáját és a párját, azáltal, hogy egy egyszerűbb életet választanak, és megpróbálják ezt integrálni a spirituális gyakorlatba. Mások számára alkalmasabb lehet egy olyan spirituális közösséghez csatlakozni, amely távol áll a hétköznapok mozgalmas ritmusától, vagy akár megfontolandó a kolostorba való belépés. A spirituális életről a következő fejezetben fogok még beszélni, saját tibeti tapasztalataim alapján.

Ha ez a fajta élet túlságosan szokatlannak tűnik számunkra, akkor rengeteg lehetőség kínálkozik a boldogság elérésére egy világi életen keresztül. Ez nem jelenti azt, hogy életünknek ne lehetne spirituális dimenziója; ezt azonban közel sem fogjuk tudni olyan mélységében megélni, mint az, aki egész életében erre összpontosít.

Ha a világi életet választjuk, ahogy az emberek túlnyomó többsége teszi, akkor a legnagyobb döntésünk, hogy egy társsal vagy egyedül éljük az életünket. Ha partnerre vágyunk, alaposan mérlegeljük, hogy milyen típusú emberrel szeretnénk leélni az életünket. Fel kell készülnünk arra, hogy elfogadjuk az embereket olyannak amilyenek, hiszen mindannyiunknak vannak hibái. Ne várjuk el, hogy találjunk valakit, aki tökéletes, hibátlan, vagy olyan, mint mi magunk, és azt se várjuk el, hogy később megváltoztatjuk, amikor rájövünk, hogy nem hibátlan. Őszintén meg kell vizsgálnunk saját tapasztalatainkat és személyiségtípusunkat, és figyelnünk kell a körülöttünk lévőket.

Lehetünk nagyon független vagy ambiciózus személyiségek, akik sok mindent el akarnak érni. Talán egyszerű és békés életet szeretnénk élni, vagy olyan életet, amely mindig nyitott az új lehetőségekre. Ha ez a helyzet, akkor alkalmasabbak lehetünk az egyedülálló életre. Ha sokkal kevesebb kompromisszumot kell kötnünk, sokkal több terünk lesz az életünkben. A család ügyei iránti felelősségvállalás és időráfordítás hiányában, több lehetőségünk és szabadságunk lesz saját érdekeink érvényesítésére.

Ha természetünkből adódóan megfontolt és gondoskodó emberek vagyunk, és az életünket egy másik embernek és a családnak akarjuk szentelni, akkor alkalmasabbak lehetünk a partnerrel való életre – akkor több lehetőségünk lesz e tulajdonságok fejlesztésére és teljes családi életet élni. A legtöbb ember szeretne közeli és bensőséges kapcsolatban lenni valaki mással, ezért vonzódnak egy másik személyhez, akiben teljes mértékben megbízhatnak és elfogadhatnak, ami a szeretet és a biztonság forrása. Ez sokkal erősebb boldogságot eredményezhet, mint a gazdagság, a hírnév vagy az anyagi javak, hiszen mindig ott lesz a szeretet és a biztonság, még akkor is, ha a körülmények nem olyan jók.

MIT KERESSÜNK EGY TÁRSBAN

Ha úgy döntünk, hogy életünket egy társsal osztjuk meg, elengedhetetlen, hogy ismerjük a legfontosabb tulajdonságokat, amelyeket kereshetünk bennük. Vigyáznunk kell, hogy ne egyszerűen csak kövessük a múló érzelmeket vagy a vak vonzódást,[19] mivel az ilyen érzések csak átmenetiek, és nincs garancia arra, hogy nagyon sokáig fennmaradnak. Amikor a mézeshetek elmúlnak, lehet, hogy már semmi sem tartja össze kapcsolatunkat. Ha viszont azért választjuk párunkat, mert a megfelelő belső tulajdonságokkal rendelkezik, akkor egy erősebb, tartósabb szerelem és egy boldog közös élet alapjait fektetjük le.

Ez nem jelenti azt, hogy a „kémia" vagy a „összecsengés" ne lenne fontos. Valójában az ellentétes szexuális polaritású férfi és nő között érezhető egy bizonyos típusú energia, és ezt a tudást megtanulhatjuk a magunk javára fordítani. Leggyakrabban egy erős férfias tulajdonságokkal rendelkező, határozott és céltudatos férfi egy erős női tulajdonsággal rendelkező nőhöz vonzódik, akit az a vágy mozgat, hogy szeretetét és energiáját megossza másokkal. Ennek a természetes polaritásnak a megértése energiát és szenvedélyt vihet az intim kapcsolatba. Segíthet abban is, hogy egy pár jól együtt dolgozzon csapatként, és megoldja a felmerülő konfliktusokat.

Vannak, akik azonnali és hosszan tartó vonzódást tapasztalnak egymás iránt, amely túlmutatva a racionális gondolkodáson az érzések és intuíciók mélyebb szintjén működik, ahogyan ezt a nyugati „lelkitárs" fogalmában halljuk, azonban ez az azonnali intuíción és érzésen alapuló kapcsolat önmagában általában nem megfelelő alap a párválasztáshoz, így fontos ezt a józan ésszel kombinálni. Ezért elengedhetetlen, hogy alaposan átgondoljuk azokat a belső tulajdonságokat, amelyeket egy kapcsolatban értékelünk, hogy megtaláljuk a számunkra legmegfelelőbb partnert.

Íme egy lista a tizenhat tulajdonsággal, amelyeket alaposan figyelembe kell venni, amikor társat keresünk, kezdjük a legfontosabbakkal:

A. Belső Tulajdonságok

Jószívűség

A legfontosabb tulajdonság, amit keresnünk kell, a jószívűség. Fel kell tennünk magunknak a kérdést, hogy a választottunk természeténél fogva szerető és együttérző ember-e. Ha a társunknak nincs jó szíve, függetlenül attól, hogy milyen egyéb tulajdonságokkal rendelkezik, nem valószínű, hogy boldogok leszünk ezzel a személlyel. Ne feledjük, hogy bármi megtörténhet köztünk és partnerünk között, mert a körülmények bármikor változhatnak. Egy olyan kapcsolat, amelyben mindkét fél jó szívvel rendelkezik, a lehető legjobban képes átvészelni ezeket a változásokat.

Hűség

A következő legfontosabb tulajdonság a hűség. Ha nem vagyunk hűségesek egymáshoz, sokféle probléma merülhet fel. Ha nem tudunk teljesen megbízni egymásban, akkor nem is szerethetjük egymást teljesen.

Empátia

Ez a megértés és az érzékenység valódi érzésére utal, arra, hogy képesek vagyunk a másik személy helyzetébe beleképzelni magunkat. Ha ez hiányzik, akkor mindenféle konfliktusok merülnek fel, amelyeket nehéz lesz megoldani.

Jó kommunikáció

Ez azért fontos, mert ha partnerünk természeténél fogva nem is érzékeny vagy nem megértő, a jó kommunikációs képesség megelőzheti a félreértéseket, és megkönnyítheti a konfliktusok megoldását. Ez magában foglalja mind a verbális, mind a nem-verbális kommunikációt. Ily módon hatékonyabban léphetünk át a „megrekedésből" a párbeszéd felé. A jó kommunikáció abban is segíthet, hogy csapatként jól működjünk együtt.

Őszinteség

Őszinteség nélkül nagyon nehezen fogunk bízni a másikban. Hosszú távon lehetetlen valamit eltitkolni a partnerünk előtt. Ha kiderül, azt kockáztatjuk, hogy elveszítjük a bizalmát, függetlenül attól, hogy általában milyen őszinték vagyunk vele.

Hasonló Hit és Érdeklődési Körök

Nagyon fontos, hogy hasonló legyen a hitünk és érdeklődési körünk. Ha hasonlóak a vallási vagy politikai nézeteink, és hasonlóak az életről alkotott elképzeléseink, könnyebb lesz az együttélés, és közelebbről is megismerhetjük egymást. A hasonló kedvtelések és nemtetszések megkönnyítik, hogy olyan dolgokkal töltsük együtt az időt, amelyeket élvezünk, ahelyett, hogy unatkoznánk vagy ingerültté válnánk egymásra!

Közös Ambíciók

Ez döntő fontosságú, ha közösen akarunk valamit elérni, például ha házat akarunk vagy családot akarunk alapítani. A célok nélkül, amelyek egy kicsit legalább hasonlóak könnyű feladni félúton, és nem valósítjuk meg azokat a dolgokat, amelyeket el szeretnénk érni.

Intelligencia

Ez a tulajdonság fontos, ha hatékonyan akarunk eligazodni az élet nehéz időszakaiban, és amikor fontos döntések előtt állunk. Intelligens partner segítségével nagyobb eséllyel hozunk bölcs döntéseket.

Gyakorlatiasság

Egy gyakorlatias ember közelsége nagyon hasznos, ha olyan mindennapi szükségletekről van szó, mint a pénzügyek és egyéb családi ügyek. Néha vonakodunk szembenézni az élet valóságával, elárasztanak gondjaink, vagy inkább valami másról fantáziálunk. Egy gyakorlatias ember segíthet visszahozni minket a földre.

B. További Fontos Szempontok, Amelyeket Figyelembe kell venni, ha Partnert Keresünk

Jó Egészség

Ha testi vonzalom vagy múló érzelmek alapján választunk partnert, és nem vesszük figyelembe egészségi állapotuk minőségét, csalódhatunk, ha partnerünk mindig rosszul érzi magát, és megterhelőnek találhatjuk a gondozását. Más szemszögből nézve azonban ez kiváló lehetőséget jelenthet a tolerancia és az együttérzés fejlesztésére.

Képzettség és Karrier

A teljesítmény orientált elme hasznos lehet az életben felmerülő problémák kezelésében. Általában azonban túl nagy jelentőséget tulajdonítunk a tanulásban és a karrierben elért eredményeknek, és úgy tekintünk rájuk, mint a magas státusz vagy a jó társadalmi rang szimbólumaira. Ügyeljünk arra, hogy ne csak azért válasszunk magas státusszal rendelkező partnert, hogy „magunkat mutogassuk" – ez hosszú távon boldogtalanságot okoz nekünk.

Hasonló Kulturális Háttér

Ha két embernek hasonló a kulturális háttere, akkor hasonlóak lesznek a szokásaik, így könnyebben kijönnek egymással. A hasonló kulturális háttér azonban nem feltétlenül szükséges, mivel a szokások megváltoztathatók. Ami még fontosabb, hogy mindketten hajlandóak legyenek tanulni és alkalmazkodni egymáshoz, ahelyett, hogy makacsul ragaszkodnak a saját elképzelésükhöz.

Család

Gyakran azt gondoljuk, hogy a házasság vagy a család boldoggá tesz bennünket. Ha a családunk melegséggel teli és gondoskodó, amelyben feltétel nélküli a szeretetet, akkor nagy előnnyel indulunk az életben, de ha nem sikerül a családon belül kialakítani a közelséget és a törődést, vagy nem tanítjuk meg gyermekeinket az önfegyelemre, akkor a családi élet konfliktusokkal lesz teli.

Szépség

Amikor azt mérlegeljük, mi a fontos egy partnerben, a szépség kérdése sokkal jelentéktelenebb, mint azt a legtöbb ember elképzeli. Ugyanúgy, ahogy büszkék lehetünk arra, hogy jó karrierrel rendelkező partnerünk van, gondolhatjuk, hogy ha egy gyönyörű partnerünk van, akkor jól érezzük magunkat, vagy lenyűgözünk másokat. Sajnos, ha úgy döntünk, hogy valakivel csak azért vagyunk, mert vonzónak találjuk, az féltékenységhez, bizonytalansághoz és végül boldogtalansághoz vezethet, amikor a kezdeti vonzalom elhalványul. Ne feledjük azt se, hogy a szépség a megfigyelőtől függ. Ha őszinte szeretetet alakítunk ki partnerünk iránt, gyönyörűnek fogjuk látni őt, függetlenül attól, hogy néz ki.

Vagyon

Az anyagilag jó helyzetben lévő partner kiválasztásával kényelmes életet érhetünk el, sok barátot szerezhetünk, és enyhíthetjük az anyagi terhek okozta stresszt. Végül azonban ez önmagában nem eredményez boldogságot és békét. A gazdagság még több gondot is okozhat, és elveheti a szabadságunkat, különösen, ha nem használjuk fel a megfelelő módon, vagy természetesnek vesszük. A vagyon mennyisége tehát közel sem olyan fontos, mint az, hogy a birtokunkban lévő vagyonunkat bölcsen vagy együttérzően használjuk fel.

Életkor

Vannak, akik úgy gondolják, hogy az életkor fontos tényező, amelyet figyelembe kell venni, bár közel sem olyan fontos, mint azt sokan gondolják. Ha kifejlődik bennünk az őszinte bizalom és szeretet, és hasonló szintű bölcsességgel rendelkezünk, akkor nincs probléma a nagy korkülönbséggel. A jelentős szakadék azonban (például, ha az új feleség fiatalabb, mint a korábbi kapcsolatból származó lánygyermek) gyakran azt jelenti, hogy eltérőek az elvárások és az életfelfogás. Ez konfliktusokhoz vezethet, ezért néha jobb elkerülni a hatalmas korkülönbséget.

Amikor partnert keresünk, ezeket a tulajdonságokat alaposan mérlegelni kell. Olyan partnert válasszunk, aki több, a listán korábban szereplő jó tulajdonsággal rendelkezik (ami a legfontosabb), és akivel jól érezzük magunkat „csapatként" együtt dolgozva. A legfontosabb tényező azonban az a szándékunk, hogy tiszta szeretetet adjunk és törődjünk a másikkal. Ha csak a másik ember tulajdonságait azért nézzük, hogy kielégítsük saját szükségleteinket vagy jó imázst alakítsunk ki magunkról, akkor elvárásaink nem teljesülnek, és problémák merülhetnek fel.

Az is kulcsfontosságú, hogy kényelmesen érezve „önmagunk legyünk" a partnerünk mellett, ahelyett, hogy egy adott imázsnak próbálunk megfelelni. Más szóval, hajlandóak vagyunk mindenben őszinték és nyitottak lenni. Bár ez egy kis gyakorlást igényel, lehetséges olyan teret kialakítani, ahol egyikünknek sincs rejtegetnivalója, és a valódi intimitás természetesen és spontán módon kivirágozhat.

BOLDOGSÁG A KAPCSOLATUNKBAN

Egy néhány éve házas fiatalember tanácsot kért a nagyapjától. Azt mondta, boldogtalan a házasságában, és véget akar vetni neki. A nagypapa azt mondta a fiatalembernek, hogy várjon két hónapot, és ezalatt úgy bánjon a feleségével, mint egy tökéletes hercegnővel. Bár a fiatalember ennek nem örült, beleegyezett. Két hónappal később a nagyapa megkérdezte a fiatalembert, hogy szándékában áll-e még elválni a feleségétől. —Válás?" — kiáltott fel a fiatalember meglepetten. — Miért akarnám ezt tenni? Feleségül vettem egy tökéletes hercegnőt!

Ez a történet rámutat, hogy a helyzetünk felfogása a mentális hozzáállásunktól függ. Ha arra tanítjuk magunkat, hogy partnerünket hercegnek vagy hercegnőnek tekintsük, akkor ez a valóságunkká válhat. Bármilyen helyzetben is találjuk magunkat, a boldog és egészséges kapcsolat legjobb feltétele, hogy partnerünket értékesnek tartsuk, és a lehető legjobb módon gondoskodjunk róla.

Ez azonban nem jelenti azt, hogy bármilyen kapcsolatot tökéletessé tudunk alakítani, ha elég keményen igyekszünk. Inkább az legyen a célunk, hogy olyan helyzetet teremtsünk, ahol az egymás iránt érzett pozitív gondolataink és érzéseink nagymértékben felülmúlják a negatívakat (ami minden párnál jelen van). Ez az, amitől egy pár jobban megérti, becsüli és tiszteli egymást és a kapcsolatukat, és mondhatjuk, hogy egy ilyen pár „érzelmileg intelligens".[20]

Amikor párkapcsolatban élünk, fontos, hogy rugalmasak legyünk, és hajlandóak legyünk megváltoztatni néhány személyes szokásunkat, amelyeket partnerünk nem szeret. Azt is meg kell tanulnunk, hogyan fogadjuk el partnerünk szokásait, még akkor is, ha azok idegesítenek, és sok türelmet és megbocsátást kívánnak részünkről. Többször kell a türelemre és a megbocsátásra hagyatkoznunk, ahogy egyre mélyebbre megyünk egy kapcsolatban, mivel a kezdeti eufória és a „ragyogás" egy ponton általában elmúlik, és elkerülhetetlenül kezdjük észrevenni a hibákat. Bizonyos esetekben nemcsak türelemre és megbocsátásra van szükségünk, hanem kellő ügyességre is, hogy segítsünk a másiknak legyőzni a gyengeségeit.

A tibeti buddhista kultúrában a spirituális tanító mindig rámutat a tanítvány gyengeségeire, sőt néha a megaláztatásig eltúlozza ezeket; de ezt csak a legnagyobb képességekkel rendelkező tanítványokkal teszik meg. Ez a technika általában katasztrófát idéz elő egy személyes kapcsolatban, és még ha a legjobb szándékkal is rendelkezünk, emlékezzünk arra, hogy a közvetlen konfrontáció ritkán működik, kivéve, ha nagyon jártasak vagyunk az alkalmazott technikában, vagy ha a kapcsolatunk nagyon erős alapokon nyugszik. Ezenkívül, mielőtt megpróbálnánk segíteni partnerünknek a gyengeségeiben, teljesen meg kell értenünk saját gyengeségeinket és azt, hogy milyen nehéz legyőzni őket.

Szem előtt kell tartanunk, hogy könnyű a másik viselkedését az ő személyes hibáinak tulajdonítani, ha az valójában valami másnak köszönhető. Ezt lehetőleg igyekezzünk elkerülni, hiszen valójában csak találgatjuk vagy elképzeljük, hogy a másik miért viselkedik egy adott módon. Ehelyett jól kell kommunikálni, és tisztázni kell, hogy miért viselkednek úgy, ahogyan, bele kell képzelnürk magunkat a helyükbe, de ne várjuk el, hogy azt halljuk, amit hallani szeretnénk – készüljünk fel arra, hogy bármit meghalljunk, és legyünk türelmesek, a probléma megoldására törekedjünk, függetlenül a nehézségtől vagy az időtől. Ha partnerünk irracionálisnak vagy ésszerűtlennek tűnik, ne feledjük, hogy ez nem a szív valósága. Hagyjuk, hogy a bölcsesség és az együttérző tudatosság vezessen a legjobb cselekvés felé. Gyakran találunk megoldást vagy kompromisszumot, de ha nem ez a helyzet, akkor előfordulhat, hogy el kell fogadnunk azt, amin nem lehet változtatni.

Nem meglepő, hogy ezek az elvek nem csak a partnerünkkel vagy házastársunkkal való kapcsolatra vonatkoznak, hanem minden kapcsolatra — a családdal, barátokkal, üzleti partnerekkel vagy szomszédokkal való kapcsolatainkra is. A konfliktus végső forrása, hogy túlságosan önmagunkra összpontosítunk és hiányzik a másokra irányuló figyelem. Ez azonban ritkán történik szándékosan. Mindannyian tisztában vagyunk azzal, hogy nem kívánatos önzőnek lenni, miközben megfontoltnak és gondoskodónak lenni jó, mégis mélyen bevésődött szokásunk, hogy önmagunkra koncentrálunk, részben kultúránkból és nevelésünkből fakadóan. Az egyetlen módja annak, hogy leküzdjük ezt a szokást, ha a tudatosság fényével megvilágítjuk tetteinket a nap folyamán, alaposan átgondolva, hogyan gondolkodunk, beszélünk és cselekszünk. Gondoskodóak vagyunk vagy megfontoltak? Tudunk-e bármilyen módon javítani cselekedeteinken? Mondhatjuk-e, hogy „érzelmileg érett" módon cselekszünk? Ily módon fokozatosan felfedezhetünk egy olyan személyt, aki kevésbé énközpontú, együttérzőbb és kedvesebb.

SZERELEM ÉS ÖSSZETÖRT SZÍV

Hosszan taglaltam azokat a fontos tulajdonságokat, amelyeket figyelembe kell vennünk, amikor partnert választunk, ahelyett, hogy egyszerűen azért választunk valakit, mert „beleszeretünk". Bár ez a modern világban sok ember számára furcsának tűnhet, úgy gondolom, hogy sok fájdalom és érzelmi szenvedés elkerülhető, ha megtanuljuk érettebb és megalapozottabb szemszögből szemlélni a szerelem témáját.

Kétségtelenül igaz, hogy a romantikus szerelem lehet a legizgalmasabb és legélvezetesebb érzés, amit bárki átélhet. Bárki részesülhet ebben a csodálatos boldogság állapotban, függetlenül társadalmi helyzetétől, hitvallástól vagy kultúrától, vagy attól, hogy gazdag-e vagy szegény. A romantikus szerelemnek azonban van egy sötét oldala is. Azt gondolhatjuk, hogy ez örökké tart, de ez nem mindig van így. A romantikus szerelem boldogsága néhány hónap vagy év után elmúlik, és a két ember, aki egykor nem bírta elviselni, hogy elváljon, hirtelen féltékeny, dühös vagy depressziós lesz. Ezenkívül a vonzalom érzése viszonzatlan lehet, és ez vigasztalhatatlan szívfájdalmakhoz is vezethet. Kérdezhetjük tehát, hogyan tanulhatjuk meg megelőzni vagy kezelni ezeket a helyzeteket?

Ha a szerelembe eséssel járó kezdeti érzés örökké tartana, és mindig boldogsággal végződne, teljesen ésszerű lenne a romantikus szerelem alapján élettársat választani. Sok ember számára azonban ez az érzés csak rövid ideig tart, és boldogtalansággal, sőt kétségbeeséssel végződik. Az általuk szeretett személy gyakran nem érez ugyanígy irántuk, mégis tehetetlennek érzik magukat a szeretett személy iránti heves, fékezhetetlen vágyakozással szemben. Nem teljesen értem, miért gondolják az emberek, hogy a szerelem az irányításukon kívül esik. Természetesen úgy gondolom, hogy a szerelem egy nagyon erős érzelem, mégis minden érzelmet, bármilyen legyen is az, a tudatunk hoz létre. Emiatt képesnek kell lennünk arra, hogy az ilyen érzelmeket konstruktívabban kezeljük.

Úgy érzem, hogy a szerelemről alkotott hiedelmeink közül sok a kultúrán alapszik, és érdekesnek találom, hogy a nyugati irodalomban vagy pszichológiában nincs konkrét tanács, amely megtanítaná az embereknek, hogyan irányítsák a szerelmet. A nyugati irodalom, a dalok és a költészet nagyon jól tükrözik a romantikus szerelem boldogító, magával ragadó érzéseit, valamint az összetört szív kétségbeesését, de nagyon kevés a tanács arra vonatkozóan, hogyan gyógyuljunk ki abból, ha összetört a szívünk, vagy hogyan akadályozzuk meg, hogy ez eleve megtörténjen. Az irodalom és a költészet inkább azt az attitűdöt látszik megerősíteni, hogy a szerelembe esés teljesen rajtunk kívül álló dolog, és hogy ezeknek az érzelmeknek a rabszolgája az emberi természet. Talán előnyösebb lenne feltenni magunknak a kérdést, hogyan tudjuk ezeket az érzéseket kordában tartani, hiszen a szerelembe esés nem mindig végződik boldogsággal, sőt a negatív, birtokló hozzáállást is megerősítheti. Ha ellenőrizetlenül hagyjuk, ezek a hozzáállások bebörtönözhetnek bennünket.

HA FELISMERTÜK A ROMANTIKUS SZERELEM ÁRNYOLDALÁT, MIT TEHETÜNK ELLENE?

Először is, amikor partnert keresünk, nagyon hasznos lehet, ha szem előtt tartjuk azokat a belső tulajdonságokat, amelyekkel rendelkeznek, vagy nem rendelkeznek. Még ha kezdetben nem is vonzóak fizikailag, ha gazdagok belső tulajdonságokban, idővel vonzóbbá válnak számunkra, ahogy a szeretetünk növekszik. Másrészt, ha a fizikai vonzalom az egyetlen alapja a szerelmünknek, az elhomályosíthatja partnerünk belső tulajdonságait, és „szépsége" elhalványulhat, ahogy a problémák felszínre kerülnek.

Másodszor, fel kell ismernünk, hogy a romantikus szerelem szinte mindig tartalmaz olyan ragaszkodási tényezőt, amely elhomályosíthatja ítélőképességünket, és később szívfájdalomhoz vezethet. Ennek felismerése elengedhetetlen, amikor partnert keresünk. Olyan ez, mintha egy folyóban sodródnánk lefelé, és megkapaszkodnánk a folyóparti nádasban, azt gondolva, hogy kimászhatunk a partra. A nád azonban elszakad, mivel nem gyökerezik mélyen a folyóparton, és így ismét elragad minket a folyó. Hasonlóképpen azt gondolhatjuk, hogy egy kapcsolat tartós boldogságot hoz nekünk, de ha nincs alapja a feltétel nélküli szerelemnek, akkor ez ritkán fog így működni. Ez azonban nem jelenti azt, hogy minden romantikus szerelmen alapuló kapcsolat kudarcra van ítélve. Ha egy kapcsolat őszinte tiszteletre és feltétel nélküli szeretetre épül, akkor a szerelem tartós boldogsághoz vezethet.

Előfordulhat, hogy kapcsolatban élünk, és hirtelen ráébredünk, hogy nagyon kevés közös vonásunk van a partnerünkkel. Ebben az esetben az a legjobb, ha tudomásul vesszük ezeket a különbségeket, és egyetértve gyakorlatiasan továbblépünk, különösen akkor, ha keményen próbáltunk kompromisszumot találni, de nem sikerült elérni. Bár ez kissé őrülten hangzik, ha valódi szeretetet és együttérzést érzünk irántuk, akkor örülünk annak, ha boldogok, még akkor is, ha nem akarnak velünk lenni. Akkor fogjuk felismerni, hogy ez igaz, ha valóban elképzeljük magunkat az ő helyükbe, és jólétüket a sajátunknál fontosabbnak tekintjük.

Még egy utolsó dolgot kell elmondanom a szerelemről. Van egy mondás, amit Nyugaton hallottam, hogy az emberek szerelembe esnek, majd boldogan élnek, míg meg nem halnak. Tegyünk úgy, mintha ez legalább részben igaz lenne, és egy pár szerelmes lesz, majd boldogan élnek együtt. Végül azonban egyikük meghal. Természetesen tudjuk, hogy ez az élet valósága, és a mulandóság e valóságát kell elfogadnunk és kezelnünk, ha valóban boldogságra akarunk találni. Erről a könyv később részében fogok még beszélni, de egyelőre elég, ha ráébredünk arra, hogy a szerelem, mint minden más az életünkben, múlandó – és lehet, hogy sokkal múlandóbb, mint sok más dolog!

A SZERETET KÜLÖNBÖZŐ ARCAI

Valójában a szeretetnek sokféle formája létezik, és a romantikus szerelem csak egy példa erre. A szeretet olyasvalami, amit minden ember képes megtapasztalni, nyelvtől, kultúrától vagy meggyőződéstől függetlenül. Még ha a szeretettel kapcsolatos tapasztalataink korlátozottak is, akkor is van fogalmunk arról, hogy mit jelent a „szeretet" szó, mégis ez a szó mindannyiunkban más-más képet hív elő tekintve, hogy mi a szeretet, vagy milyennek kellene lennie.

A szeretetnek öt fő típusáról beszélhetünk, amelyek többségét ebben a korban meg fogjuk tapasztalni: a szülői szeretet, a romantikus szeretet, a gyengéd szeretet, a birtokló szeretet és az együttérző szeretet. Mindegyiknek kissé eltérő a hangsúlya vagy értéke, de mindegyikben ott rejlik az együttérző szeretet lehetősége. Ez a szeretet végső formája, hiszen tartós boldogságot csak ennek a tulajdonságnak az ápolásával lehet elérni. Rendkívül hasznos lehet a szeretet e különféle formáinak értékelése és hiányosságainak elemzése, mivel ez a tudatosság segíthet azonosítani, hogyan lehet a mások iránti szeretetünket még gazdagabbá és jelentéstelivé alakítani.

1. Szülői Szeretet

Ezt gyakran „anyai szeretetnek" is nevezik, az anya gyermeke iránti szeretetét jelenti. A modern világban beszélhetünk „atyai szeretetről" is. Ezt a fajta szeretetet türelem, tolerancia és gondoskodás hatja át. Gyakran „feltétel nélkülinek" tekintik, a valóságban azonban nem mindig ez a helyzet. Általában erős és stabil, gyakran egy életen át tart, és természetesen nem támaszkodik annyi feltételre, mint a szeretet más formái. Ez örömet és gondosságot teremt, de időnként a birtoklás érzését is, ami sok fájdalomhoz vezethet, miközben gyermekeink a függetlenségért küzdenek, míg rájövünk, hogy nagyon kevés befolyásunk van arra nézve, hogyan cselekszenek. Ha százalékban mérnénk a szülői szeretetet, akkor 50%-ban együttérzésről és törődésről, 20%-ban birtoklásról és körülbelül 30%-ban ragaszkodásról van szó.

2. *Romantikus Szeretet*

A szeretetnek ez az erőteljes és érzelmes formája vonzalomként, szenvedélyként és imádatként nyilvánul meg. Ahogy fentebb már szó volt róla, kezdetben nagy örömet, büszkeséget és belső erőt okoz. Néha együttérző szeretetként nyilvánul meg, de általában énközpontú és birtokló attitűd hatja át. Előfordulhat például, hogy ragaszkodunk egy személy megjelenéséhez, hírnevéhez vagy imázsához, ami birtoklási vágyhoz, féltékenységhez vagy szorongáshoz vezethet. Ezért ez szinte mindig a szeretet feltételes formája, és ritkán tartós, különösen, ha kapcsolatunk csak felszíni érzéseken alapul.

A romantikus szeretet általában körülbelül 30% büszkeséget, 20% birtoklást, 30% ragaszkodást valamint 20% gondoskodást és együttérzést jelent. Amíg a féltékenység, a birtoklási vágy és az énközpontú attitűdök dominálnak, a szeretetnek ez a formája feltételhez kötött és bizonytalan. A törődés és együttérzés nagyobb arányával azonban az énközpontú aggodalmak elpárolognak, és mélyebb boldogságérzet tapasztalható. Ily módon a romantikus szeretet feltétel nélkülivé válhat.

3. Gyengéd Szeretet:

A szeretetnek ez a formája meleg érzelmeket vált ki más élőlények, például csecsemők, állatok és házi kedvencek iránt. Ezt akkor is érezhetjük, ha természettel, művészettel, zenével vagy bármi mással foglalkozunk, ami hasonló érzéseket kelt. A gyengéd szeretettel járó melegség élménye általában szívből jövő örömérzettel jár együtt, és ez nem függ semmilyen konkrét körülménytől. Inkább olyan érzésekkel társul, mint a védelmezés, lágyság és gyengédség. A gyengéd szeretet általában körülbelül 10% büszkeséget és birtoklást, 20% ragaszkodást, 30% együttérzést és 40% gondoskodást tartalmaz.

4. Birtokló Szeretet

A szeretetnek ez a formája olyan negatív vagy pusztító tudatállapotokhoz kapcsolódik, mint a vágy, az irigység, a büszkeség vagy a felületes érzések. Példa erre bizonyos tárgyak hiúságból vagy önkielégítési vágyból fakadó szeretete. A szeretetnek ez a formája körülbelül 50%-ban birtoklást és büszkeséget, 30%-ban ragaszkodást, 20%-ban törődést és szinte semmi együttérzést sem tartalmaz.

5. Együttérző Szeretet

Ez az őszinte megértésre, empátiára és törődésre utal, vagy amikor ezeknek a tulajdonságoknak a nagy része jelen van. Ez a minden élőlény iránti, önmagunkkal egyenlő szeretet és a törődés érzése, és nem azt jelenti, hogy szánalmat vagy részvétet érzünk mások iránt, akik szenvednek. Inkább a minden lény iránti őszinte, nem ítélkező, feltétlen törődést jelenti, tekintet nélkül a megjelenésükre, állapotukra vagy körülményeikre.

Az együttérző szeretet megtestesítésére való képességünk rendkívül változó. Hiszem, hogy mindenkinek természetes kötelessége ezt a tulajdonságot kifejleszteni, hiszen ez a magunk és mások érdeke is. Különösen a boldogság és az erő magasabb fokához vezethet; akár a megvilágosodás elérésében is segíthet. Az együttérző szeretet kiművelése általában nagyfokú elmélkedést és a tudat képzését igényli; a kivételes embereknek azonban természetesen van jelen a szívükben.

A legjobb együttérzés bölcsességgel párosul; a másokkal való törődésünk ekkor valódivá, tisztává és elpusztíthatatlanná válhat. Ha önmagában a részvétre vagy a szánalomra hagyatkozunk, nehéz olyan megoldást találni, amely valóban előnyös mások számára. Ez inkább elbátortalaníthat minket látva, hogy cselekedeteink nem igazán hatékonyak, és együttérzésünk még tovább csökkenhet.

Hogyan fejleszthetjük ki tehát az együttérző szeretetet? Rendkívül hasznos lehet azonosítani, hogy a szeretet mely formái vannak jelen kapcsolatainkban, majd törekedjünk az együttérzés, a tisztelet és a hála arányának növelésére, miközben csökkentjük a ragaszkodás, az énhez való megszállottság és a büszkeség arányát. Mindennapi életünk számos vonatkozását befolyásolja egy olyan kultúra, amely nem hangsúlyozza az együttérző szeretet fontosságát. Ezért kulcsfontosságú, hogy ezt partnereinkkel, családunkkal és a hozzánk legközelebb állókkal együtt gyakoroljuk. Ezzel az alappal kiterjeszthetjük a feltétel nélküli szeretetet minden élőlény iránt, bízva abban, hogy ez erősebb tudathoz és boldogabb élethez vezet. Szerencsére sok csodálatos példakép létezik a szeretet e formájának gyakorlására. A buddhista hagyományban Bódhiszattva néven ismertek azok a lények, akik minden élőlény iránti határtalan, feltétel nélküli szeretettel viseltetnek. Ezért, függetlenül attól, hogy mit csinálnak, az életük tele van örömmel. A bódhiszattva együttérzés az, amikor az őszinte együttérzés bölcsességgel párosul, és „harcos együttérzésnek" is nevezik, ami azt jelenti, hogy nincsenek olyan körülmények, amelyek tönkretennék vagy arra késztetnék őket, hogy felhagyjanak ezzel a tulajdonsággal. Mindenkinek törekednie kell arra, hogy ezt a tulajdonságot utánozza, mivel enélkül soha nem győzzük le teljesen a szenvedést. Mindannyiunkban megvan a lehetőség, hogy elérjük ezt a minőséget, ezért minden tőlünk telhetőt meg kell tennünk, hogy kifejlesszük, tekintet nélkül az ösvényen felmerülő akadályokra.

A CÉLOK ELÉRÉSE ÉS A JELLEM EREJE

Életünk bármely szakaszában is járunk, fontos, hogy legyenek céljaink, de még inkább fontosak, amikor fiatalok vagyunk, és sok lehetőségünk van arra, hogy ezek elérésére összpontosítsunk. A célok lehetnek átmenetiek, például egy tanulmányi kurzus befejezése, és hosszú távúak is, például egy fontos felfedezés vagy spirituális fejlődés. A céloknak érdemlegesnek is kell lenniük. Például egy drága ház vagy hajó vásárlása végső soron nem segít a jövőbeni boldogságban, de egy olyan cél, amely magában foglalja mások segítését, végső soron nekünk és másoknak is előnyös. Reális és érdemleges célok nélkül gyermek- vagy álomszerű állapotban éljük az életünket, és fennáll a veszélye annak, hogy sodródunk, soha nem tudjuk, melyik irányba tartunk, és nem használjuk fel azt a lehetőséget, hogy változást tudjunk elérni a világban.

Ha legalább néhány célt kitűztünk az életünkben, az csodálatos! Ez az első döntő lépés, míg a második döntő lépés ezeknek a céloknak a beteljesítése. Azok a szellemi tulajdonságok, amelyeket ehhez fejlesztenünk kell, többek között az ambíció és a lelkes szorgalom. Ezek nélkül minden cél csak fantáziává válik.

Az is fontos, hogy erősen higgyünk abban, hogy képesek vagyunk elérni a magunk elé kitűzött célokat. Ha nem vagyunk teljesen meggyőződve arról, hogy képesek vagyunk sikeresek lenni, akkor jó eséllyel feladjuk, amikor a kedvünket szegő körülmények adódnak. Ha viszont erős az önbizalmunk, akkor akármilyen akadályok is állnak az utunkban, és akárhányszor is vallunk kudarcot, mindig tovább fogunk próbálkozni, és nagy esélyünk lesz a sikerre.

Az a képesség, hogy továbbra is kitartsunk, függetlenül attól, hogy milyen akadályokkal nézünk szembe, végül a jellem erejéből fakad. A jó, erős jellem sarokköve az önbizalom, a fegyelem és a mentális erő, valamint a nagyfokú tudati elégedettség kombinációja. Vannak, akik ezekkel a tulajdonságokkal születnek, legtöbbünknek pedig keményen kell dolgoznia ezekért, ügyelve arra, hogy ne fejlődjön egyik a másik rovására! Ez alatt azt értem, hogy fontos bölcsességet alkalmazni jellemünk fejlesztésében. Például, amikor önbizalmat próbálunk fejleszteni, ehelyett a büszkeség vagy akár az arrogancia áldozatai lehetünk, vagy amikor megpróbálunk tudati elégedettséget kialakítani, önelégültek lehetünk.

Fontos, hogy mind a gondolatainkat, mind a tetteinket folyamatosan figyelemmel kísérjük, és bölcsességet alkalmazzunk abba az irányba, amelyet megteszünk, külsőleg és belsőleg egyaránt. Itt nagyon hasznos, ha van egy mentorunk vagy spirituális tanítónk, aki eligazít bennünket mentális tulajdonságaink fejlesztésében. Nem számít, hogy ennek a „mentornak" vallási háttere vagy magas iskolai végzettsége van; a lényeg az, hogy ismerje azokat a jó tulajdonságokat, amelyekről beszélünk.

ÖNELÉGÜLTSÉG VAGY ELÉGEDETTSÉG

Ezen a ponton szeretnék egy kicsit többet beszélni az önelégültségről. Már említettem, hogy amikor az elégedettség műveléséről beszélünk, az emberek ezt néha összekeverik az önelégültséggel. Mit értek ez alatt? Vegyünk például valakit, aki hallja, hogy a boldogság eléréséhez fejlesztenünk kell jó belső tulajdonságainkat, és meg kell tanulnunk elégedettek lenni azzal, amink van, ahelyett, hogy mindig többet akarnánk. Hacsak nincs jó belátásunk és bölcsességünk vagy jó tanítónk, azt gondolhatjuk, csak a pozitív hozzáállás elég, és nem kell aggódnunk semmi miatt. Sajnos ettől általában elveszítjük a fókuszt és szervezetlenné válunk. Ezt értem önelégültség alatt.

Az önelégült hozzáállás nem segít abban, hogy boldogságot érjünk el. Bár az oldott és nyugodt szemlélet néha előnyös lehet, a figyelmetlenség vagy az akaratgyengeség szélsőségébe eshetünk. Bár fontos, hogy elégedettek legyünk körülményeinkkel, az is kulcsfontosságú, hogy felismerjük a bennünk rejlő lehetőségeket, hogy egy kis erőfeszítéssel megváltoztassuk helyzetünket. Meg lehet elégedni azzal, amink van, és ahol vagyunk, miközben keményen igyekszünk elérni céljainkat. Például, ha csak hidegvizes zuhanyozásra szorítkozunk, mert a melegvíz rendszer meghibásodott, akkor lehetünk "elégedettek" a hideg zuhannyal, és nem hagyjuk, hogy ez megzavarja lelki békénket – ez azonban nem jelenti azt, hogy nem akarjuk megjavítani! Ha túlságosan önelégültek vagyunk, akkor sok lehetőség elvész, és önmagunk fejlesztésére való képességünk rejtve marad.

Míg az önelégültségbe zuhanás az egyik véglet, amely távol tart minket az igazi elégedettségtől, a másik véglet az, hogy nem tudunk elégedettek lenni a helyzetünkkel. Bármilyen jónak tűnnek is külső körülményeink, ha mindig elégedetlenek vagyunk, akkor folyamatosan többet akarunk, és nem becsüljük meg azt, amink van. Ez a hozzáállás gyakran a versenyzés és az irigység gondolkodásában gyökerezik, abban, hogy jobbak akarunk lenni másoknál, vagy büszkék akarunk lenni saját eredményeinkre. Sajnos ezt gyakran ösztönzi a társadalom, amelyben élünk.

Nemrég olvastam egy feltáró jelentést, amely egy felmérést írt le. Ebben arra kérték az embereket, hogy válaszoljanak a következő kérdésre: Inkább olyan munkahelyen dolgoznának, ahol évi 100 000 dollárt keresnek, és mindenki más 80 000 dollárt keres, vagy inkább olyan munkát választanának, ahol 150 000 dollárt keresnek évente, míg mások 200 000 dollárt keresnek? Számomra egyértelműnek tűnt a válasz, hogy a legtöbb ember szeretne több pénzt keresni. Az emberek többsége azonban úgy döntött, hogy kevesebb pénzt keresnének, mindaddig, amíg többet keresnek, mint munkatársaik!

Azt hiszem, ez fontos betekintést nyújt az emberi természetbe – miszerint szeretünk jobbak lenni másoknál, és elégedetlenek vagyunk, ha nem vagyunk azok. Ha azonban úgy gondoljuk, hogy egy millió dollár boldoggá tesz minket, és végül elérjük ezt a célt, akkor nem feltétlenül fogunk boldogságot találni, amikor elérjük. Ehelyett azt gondolhatjuk, hogy kétmillió, ötmillió vagy akár tízmillió dollárra van szükségünk ahhoz, hogy boldogok legyünk! Ritka az igazi elégedettség, amikor tudatunk az anyagi gazdagság felhalmozására összpontosít.

Ha a pénzkeresetre fordított időt arra használjuk, hogy tudatunkban és szívünkben önfegyelmet és elégedettséget fejlesszünk, akkor az időnket jobban használjuk. Az elégedettség gazdagságának felfedezésével mindvégig boldogok leszünk, ha megtaláltuk a gazdagság valódi forrását. Továbbá nagyobb valószínűséggel leszünk egészségesek, mert a megelégedett tudat békét hoz, és amint azt számos tudományos tanulmány kimutatja, a békés tudat szükséges az egészséges testhez. Az egészséges, stresszmentes tudat például csökkenti a vérnyomást és a pulzusszámot, javítja az immunrendszert, és számos betegség esetén előnyös,[21] beleértve a szívbetegségeket, a cukorbetegséget és a rákot. Az elégedettség tehát nem csak a tudatnak, hanem a testnek is jót tesz.

Az együttérzés tárgya és miértje

Mindenki ismeri az „együttérzés" szót, és egyetért azzal, hogy ez jó dolog. Akkor miért küzdünk azért, hogy elérjük? Az emberek szinte naponta emlegethetik az együttérzést, társadalmunk mégis arra ösztönöz bennünket, hogy elsősorban magunkra összpontosítsunk, és bár hallhatunk empátiáról és együttérzésről, általában nem tanítanak meg minket ezeknek a tulajdonságoknak vagy a fenntartásukhoz szükséges készségek fejlesztésére. Még ha időnként hallunk is az együttérzés gyakorlásának előnyeiről, ritkán értjük meg valódi jelentését, és ritkán értékeljük a rövid és hosszú távú előnyöket, amelyeket ez hozhat.

Sokan azt hiszik, hogy az együttérzés csak azokra a helyzetekre vonatkozik, amikor az emberek szenvednek, és ez azt jelenti, hogy szomorúnak és búsnak érezzük magunkat a szenvedő személy miatt. Sajnálni egy szenvedő embert fontos és jó első lépés, de nagyon messze van az őszinte együttérzéstől, amikor teljesen készen állunk arra, hogy ennek az érzésnek megfelelően cselekedjünk. Ez nem azt jelenti, hogy mi szenvedünk mások helyett, hanem azt, hogy felkészítjük a tudatot mások szenvedésének eltávolítására, függetlenül attól, hogy ez mennyire nehéz. Ezután ennek a motivációnak megfelelően cselekedhetünk segítve azokat, akik fizikailag szenvednek, vagy esetleg ösztönözhetünk másokat, hogy másképp gondolkodjanak, ha lelkileg szenvednek. Ha tudatunkban megvan ez a tiszta szándék vagy tulajdonság, akkor a belső béke és rugalmasság érzésével leszünk megáldva, és sokkal kevésbé foglalkozunk saját problémáinkkal.

A legtöbb emberi lény, akár vallásos, akár nem, egyetért abban, hogy az együttérzés nagyon fontos erény, de ha alaposan megnézzük, láthatjuk, hogy az együttérzésnek számos különböző szintje van.

Az első szint az, amikor meghatódunk attól, hogy más, hozzánk közel álló emberek szenvednek. Például, ha egy barátunk autóbalesetet szenved, ami miatt már nem tud járni, vagy ha ismerünk valakit, aki rákban hal meg, akkor ez arra késztet bennünket, hogy mindent megtegyünk, hogy megvigasztaljuk őt ebben a helyzetben.

A második szintet minden emberi lény szenvedése mozgatja, beleértve az összes vallást követő embert és az élet minden területét. Ha a hírekben földrengésről értesülünk, bár nem ismerjük az áldozatokat, talán mindent meg akarunk tenni, hogy segítsünk rajtuk. Ha hallunk a globális felmelegedés következményeiről, együttérezhetünk minden érintett emberrel.

A következő szint az együttérzés kialakítása minden lény iránt, minden elfogultság nélkül. Felismerjük, hogy minden lény, beleértve az ellenségeinket és azokat is, akik helytelenül cselekszenek, ugyanúgy a boldogságra vágynak és el akarják kerülni a szenvedést, mint mi magunk, ezért együttérzést érzünk irántuk, akárcsak a környezetünkben élők iránt, megértve, hogy gyengeségeik miatt nem rendelkeznek a szabadsággal. Nemcsak az emberek, hanem minden állat, amely képes megtapasztalni az örömöt és a fájdalmat is, együttérzésünk tárgyává válik. Tehát ha pókot vagy szúnyogot látunk, nem öljük meg csak azért, mert irritálónak találjuk. Ehelyett nagyon is tisztában vagyunk az élethez való jogával.

Az együttérzés negyedik szintje azon a mély bölcsességen alapul, amely tudatosítja bennünk a szenvedés mélyebb okait, nem csak a körülöttünk tapasztalt szenvedést. Bár minden élőlény boldog akar lenni, tisztában vagyunk vele, hogy tudatlanságuk és ügyetlen cselekedeteik révén folyamatosan maguk teremtik meg a szenvedés okait. Miért részeg az alkoholista, és miért viselkedik felelőtlenül, vagy egy tolvaj vagy gyilkos miért viselkedik úgy, ahogy? Bár azt mondhatjuk, hogy „függők", mégis keresnek valamilyen kielégülést vagy beteljesülést, de ügyetlen tetteikkel szenvedést okoznak maguknak és másoknak. Mivel ezt nem látják, szenvedésük kiváltó oka a tudatlanság.

A gazdagok és híresek szintén nem mentesek a szenvedéstől. Szenvednek, ha a szerencsés körülményeik megváltoznak. Nemcsak ezért, hanem minden pillanatban mindig van miért aggódniuk; talán elégedetlenek a megjelenésükkel, vagy féltékenyek valamelyik népszerű új hírességre. Van családjuk is, akik miatt aggódnak, például idős szülők vagy gyermekeik. Ezért bármilyen jónak vagy rossznak is tűnik egy személy helyzete, még mindig nem mentes a szenvedéstől. Ha mélyen belegondolunk, azt látjuk, hogy gyakorlatilag mindenki folyamatosan elmerül valamilyen szenvedésben, vagy éppen a jövőbeli szenvedések okait teremti meg. Ezzel a megértéssel együttérzésünk még mélyebbé válik.

Végül, az együttérzés legmagasabb szintje az én nélküliség[22] megértésén alapul, ami azt jelenti, hogy látjuk, hogy minden kölcsönösen függ egymástól és lényeg nélküli, és semmi sem létezik önmagában. Ez egy hatalmas és mély gondolat, amely a buddhista filozófia lényege. Hogy ízelítőt adjunk ennek a megértéséhez, képzeljük el, hogy tudunk olvasni egy álmodó ember gondolataiban, akin azt látjuk, hogy szörnyen szenved egy pokoli környezetben. Tudjuk, hogy ez csak egy álom, amit a tudatában kreált, de ő ezt nem tudja, ezért mindennél jobban szeretnénk felébreszteni őt az álmából, mert közvetlenül látjuk boldogsága hihetetlen lehetőségét, ha csak felismerné, hogy az álom nem valóság. Ezzel a felismeréssel az együttérzés mélyreható szintje spontán módon megjelenik.

Más oldalról nézve az én nélküliség megértése azt jelenti, hogy felismerjük, eredendően nincs „én" és „más". Ahogy felolvad a gát köztünk és mások között, saját boldogságunk nem lesz fontosabb mások boldogságánál. A minden lény iránti együttérzés akkor természetes. Ezt nem mindenkinek könnyű felfogni, de időnként közvetlen tapasztaláson keresztül is bepillantást nyerhetünk ebbe.

Hogyan praktikus az együttérzés mélyebb megértése a mindennapi életünkben? Képzeljük el, hogy hirtelen összeveszünk valakivel. Azt gondolhatjuk, hogy rossz ember; ő téved, nekünk pedig igazunk van, és abban a pillanatban erősen megérezhetjük az „én" és a „másik" elkülönülő érzését. Ha azonban alaposan elemezzük a helyzetet, és beleképzeljük magunkat a helyükbe, azt fogjuk látni, hogy sok olyan ok és körülmény van, amelyeket nem vettünk figyelembe, amikor arra a következtetésre jutottunk, hogy ellenfelünk „téved". Számos tényezőt fogunk felfedezni, amelyek hozzájárultak a vitához vezető eseményekhez. Azt tapasztalhatjuk, hogy rossz napjuk volt, mi is hibásak vagyunk, vagy egy hatalmas félreértés áll a konfliktus gyökerében.

Ha megértjük, hogy mindig az egymástól függő tényezők hatalmas hálózata játszik szerepet, sokkal tisztábban látjuk a valóságot, és közelebb kerülünk az én nélküliség igazságának megértéséhez. Nem lesz többé alapja a haragnak; ehelyett kialakul a természetes empátia és türelem, felismerve, hogy mindketten csak boldogok akarunk lenni, ezért értelmetlen minden konfliktus.

Ha valóban megértjük, hogy minden élőlény a boldogságot keresi és igyekszik elkerülni a szenvedést, mint mi magunk, akkor együttérzésünk stabil lesz, határok nélküli. Ezt azonban nehéz elérni, és a gyakorlatban az együttérzésünk időnként korlátozott lesz. Még ha ez a helyzet is, az együttérzés bármilyen szintű gyakorlása továbbra is előnyös. Ne feledjük, sok évbe telhet, mire kialakul egy valóban stabil és elfogulatlan együttérzés. Azt is szem előtt kell tartanunk, hogy az együttérzés nem csupán szomorú érzés, amikor mások szenvednek, hanem olyan érzékenység is, amely lehetővé teszi, hogy *megértsünk* másokat. Az együttérzés és az érzékenység ezért nyitottságot és közelséget teremt másokkal.

NAGYLELKŰSÉG, TÜRELEM ÉS HÁLA

Az együttérzés kifejezésének természetes módja az, ha nagylelkűek, türelmesek vagyunk, és kifejezzük a hála érzését azért, aminek van. Különösen a korai felnőttkorban ezek a tettek erőteljesen irányítanak bennünket egy boldog, teljes és tartalmas élet felé.

Nagylelkűnek lenni nem azt jelenti, hogy minden holminkat odaadjuk másoknak. Ez azt jelenti, hogy képeznünk kell magunkat a kapzsiság vagy lustaság elkerülésére, és mentálisan felkészültnek kell lennünk arra, hogy másokat segítsünk anyagi tárgyak, idő és egyéb segítségnyújtás révén, ha szükséges. Nagylelkűnek lenni azt is jelenti, hogy türelmesek vagyunk, tudunk megbocsátani, és készségesen elengedjük a haragot vagy a neheztelést.

A türelem azt jelenti, hogy ha valaki haragszik ránk vagy indokolatlanul bánik velünk, akkor nem negatívan, hanem higgadtan, ésszel és együttérzéssel reagálunk. Hozzátartozik a céljaink elérésében való kitartás is, még akkor is, ha nehézségekkel szembesülünk. A türelem nem azt jelenti, hogy tétlenül várunk az eseményekre anélkül, hogy alternatív megoldásokat keresnénk, vagy csak elfogadjuk a kedvezőtlen körülményeket anélkül, hogy megpróbálnánk változtatni a helyzetünkön. Ez önelégültség lenne.

A sportolók nagy türelemmel edzik testüket, és általában sokkal boldogabbak, mint a tétlenek. Tudatunk türelemre és nagylelkűségre szoktatásának előnyei és értéke sokkal nagyobb lesz, mint a sportolóké. Különösen hasznos a türelem és a nagylelkűség gyakorlása beszédünk és tetteink által a mindennapi életünkben. Ekkor kifejleszthetjük azt a természetes érzést, hogy ezek a tulajdonságok mindig velünk vannak. Egy idő után az ilyen életmód óriási örömforrássá válik. Ne feledjük, bár úgy tűnhet, hogy türelmesek vagy nagylelkűek vagyunk valaki más javára, nehéz megjósolni, hogy a tetteink mennyire válnak az előnyükre. Nekünk viszont mindig az előnyünkre fog válni.

Az életünk során tapasztalt elégedetlenség és boldogtalanság nagy része abból fakad, hogy nem becsüljük meg a már meglévő értékes dolgainkat. Például, amikor egészségesek vagyunk, elfelejtjük értékelni mentális képességeinket, látási és hallási képességünket vagy fizikai képességeinket. Amikor minden jól megy, elfelejtünk hálásnak lenni értékes emberi létünkért, de amikor megtudjuk, hogy rákos vagy más súlyos betegségünk van, hirtelen ráébredünk, milyen szerencsések voltunk. Mindenki, aki traumát vagy betegséget szenved el, felismeri korábbi jó egészségének értékét. Jobb megtanulni értékelni a jó egészséget minden nap, és megtapasztalni ezt a boldogságot most, ahelyett, hogy várnánk valami jövőbeli szerencsétlenségre, amely megtanítja nekünk ezt a leckét.

Ha alaposan átgondoljuk, rá fogunk jönni, hogy sok olyan dolog van, amiért hálásak lehetünk. Mégis mindennél jobban a hozzánk közel álló és kedves emberek érdemlik meg igazán hálánkat. Van egy történet Buddha idejéből, amely ezt illusztrálja:

Buddha egyszer találkozott egy Sigala[23] nevű kereskedővel, akit a hat irány felé hajlongva látott: kelet, nyugat, dél, észak, le és fel. Buddha megkérdezte Sigalát, hogy miért végezte ezt a rituálét, mire ő azt válaszolta, hogy az apja azt mondta neki, hogy hajoljon meg minden reggel hat irányba, bár nem tudja ennek a célját. A Buddha így válaszolt: — A meghajlás olyan gyakorlat, amely boldogságot hozhat mind a jelenben, mind a jövőben. Elmondta Sigalának, hogy köszönetet mondhat a szüleinek, amikor meghajol kelet felé, és hálát érezhet a tanárai felé, amikor meghajol dél felé. Nyugat előtt meghajolva a családja iránt érezhet hálát, észak felé meghajolva pedig elmélkedhet a barátai iránt érzett hálán. Lefelé hajolva elmélkedhet a munkatársai iránt érzett hálán, végül felfelé meghajolva minden bölcs és erényes ember iránt érezhet hálát.

A TUDAT KÉPZÉSÉNEK SZÜKSÉGESSÉGE A BELSŐ TULAJDONSÁGOK FEJLESZTÉSÉHEZ

Ezen a ponton szeretném megismételni annak fontosságát, hogy szorgalmas erőfeszítéseket tegyünk a boldogsághoz vezető belső tulajdonságok művelésére, ahelyett, hogy külső és rajtunk kívül álló tényezőkre hagyatkoznánk. Mindenki folyamatosan szeretné megtapasztalni a boldogságot, de ez attól függ, hogy mennyire vagyunk hajlandóak a boldogság elsődleges feltételeinek fejlesztésére.

Nincs abban semmi rossz, ha azon dolgozunk, hogy elérjük a boldogság másodlagos feltételeit, mint például az oktatás, a karrier, a kapcsolatok vagy a szabadság. De ami a legfontosabb, hogy felismerjük a boldogság elsődleges feltételeit, amelyek szellemi tulajdonságainkban rejlenek, és ezeket őszintén gyakoroljuk. Miért? Először is, rendkívül nehéz minden körülményünket tökéletessé tenni, és még ha most meg is tudjuk valósítani a tökéletes körülményeket, nagyon hamar elégedetlenek lehetünk azzal, amink van, ha nem fejlesztjük ki belső tulajdonságainkat. Ha nem fejlődött ki bennünk a hála, akkor vakok lehetünk a már meglévő szerencsére, és még a legszerencsésebb körülmények között is nagyon kevés boldogságot találhatunk. Ha hiányzik belőlünk a fegyelem, könnyen unatkozhatunk és elveszíthetjük a fókuszt, ha a körülmények nem tetszenek nekünk. Ha nem fejlesztjük ki a türelmünket, akkor elveszítjük nyugalmunkat és lelki békénket, amikor nehéz helyzetekkel szembesülünk, és így minél inkább a külső körülményektől fog függeni boldogságunk, nem pedig ezektől a belső tulajdonságoktól, és annál érzékenyebbek leszünk a legkisebb nehézségre is. Megszokjuk, hogy szerencsétlen helyzetekben lecövekeljünk, és nehezen értékeljük és élvezzük a jó szerencsét, amikor utunkba kerül.

Általánosságban elmondható, hogy tudatunk képzése új mentális tulajdonságok elfogadására három lépésből áll. Először is meg kell ismerkednünk az új szokás előnyeivel, amelyeket fel akarunk venni, és a régi módszerek hátrányaival, amelyeket el akarunk hagyni. Ezután el kell köteleznünk magunkat az önvizsgálat szokása mellett, rövid, rendszeres időszakokat töltve a nap folyamán, hogy megismerkedjünk az új szokással. Végül belsővé kell tennünk az új szokás tudatát, és folyamatosan jelenlévő részünkké kell tennünk. Például, ha fejleszteni akarjuk együttérzésünket, elgondolkodhatunk azon, hogy a tudatunk ilyen módon történő képzése hogyan segíthet belső erőnk és elégedettségünk fejlesztésében, valamint a másokkal való kapcsolatunk javításában. Ezután minden nap elkötelezzük magunkat, hogy elgondolkodjunk és gyakoroljuk az együttérzést, amikor csak lehetőség adódik. Ezzel a napi gyakorlattal hónapok vagy évek alatt szívünk megnyílik, így az együttérzés életünk megingathatatlan részévé válik.

Könnyű azt gondolni, hogy megértünk valamit, ha nyilvánvalónak tűnik vagy könnyen értelmezhető számunkra. Tudatunk azonban olyan, mint a levelek, amelyeket a szél sokféle irányba sodor, és ha egyszer hallunk vagy olvasunk valamit, az nem lesz elég ahhoz, hogy megváltoztassuk gondolkodásunkat vagy cselekvésünket. Ezért kulcsfontosságú, hogy újra és újra átgondoljuk azokat a tanításokat, amelyeket alkalmazni szeretnénk az életünkben, bármilyen nyilvánvalónak is tűnnek elsőre. Azt is szem előtt kell tartanunk, hogy a boldogságot fokozatosan, pillanatról pillanatra, a tapasztalatot pedig tapasztalatból szerezzük meg. Nem jelenik meg hirtelen egy életet megváltoztató esemény vagy kinyilatkoztatás után.

Ha azonban következetesen a belső tulajdonságok fejlesztésére koncentrálunk, akkor a boldogság elsődleges, stabil és állandó állapottá válhat. Ezt az állapotot nem veszíthetjük el, amíg élünk, és senki sem veheti el tőlünk.

GYAKORLAT — ELMÉLKEDÉS A NAPODRÓL

Minden reggel és este szánj erre körülbelül tizenöt percet. Reggelente, mielőtt elkezded a napot ellenőrizd a hozzáállásod. Értékelted, hogy ma reggel élve ébredtél, és egy olyan országban élsz, ahol a körülmények könnyűvé teszik az életet néhány harmadik világbeli országhoz képest? Eltökélt szándékod, hogy bölcsen használod ki ezt a napot, és gyakorolod az együttérzést, ahogy csak tudod, hűen legmélyebb értékeidhez? Munkád és kapcsolataid terén hajlandó vagy türelmes lenni, ha a dolgok nem úgy alakulnak, ahogyan azt elvárnád?

Este elmélkedj az eltelt napon. Gondolj azokra az emberekre, akikkel beszélgettél, azokra a helyekre, ahol jártál, és a jó és rossz dolgokra egyaránt. Miért lehetsz hálás? Lehet, hogy szeretnél egy 5-10 dologból álló listát írni egy „hálanaplóba".

Ülj le egyenes háttal, lazítsd el az összes izmod, és vegyél néhány nagy mély lélegzetet. Próbálj megpihenni az elégedettség és az öröm természetes érzésében, és gondold át, hogyan teheted igazán tartalmassá és értékessé a következő napot.

HATODIK FEJEZET

A Tapasztalatok Kora

Nyugaton az emberek gyakran meglehetősen negatívan viszonyulnak az öregedéshez, és sokan úgy látják, ez az életszakasz a rossz egészségi állapot és végül a halál felé vezető lejtő kezdete. Sok szempontból azonban az ebbe a korosztályba tartozó emberek jobb helyzetben vannak a boldogság elérésében, mint a fiatalok. Ennek az az oka, hogy mire elérjük ezt a kort, jelentős mennyiségű élettapasztalatot szereztünk már, és a legtöbb embernek sikerült elsajátítania bizonyos bölcsességet, vagy legalábbis nagyon sok mindennel találkoztunk életünk során, amin elgondolkodhatunk. Sok ember élete során kudarcokat él át, különösen anyagilag, érzelmileg vagy fizikailag, és ezért rájönnek, hogy nem támaszkodhatnak külső körülményekre a boldogság tekintetében, hanem belül kell megtalálniuk azt. Ezzel a tudással sokkal könnyebben fejlesztjük majd azokat a szükséges belső tulajdonságokat, amelyek a boldogsághoz vezetnek.

Amikor elérjük ezt a kort, akár egyedülállók vagyunk, akár párkapcsolatban élünk, továbbra is a boldogságot fogjuk keresni, és igyekszünk elkerülni a szenvedést. Megpróbáltam azonosítani azokat a gyakori problémákat, amelyekkel ebben a korcsoportban szembesülnek az emberek, és megpróbálok valamennyiük számára útmutatást nyújtani.

EGYEDÜLÁLLÓ ÉLET

Ha életünknek ebben a szakaszában nem vagyunk házasok, vagy nem élünk tartós kapcsolatban, annak számos oka lehet. Lehet, hogy megpróbáltunk egy vagy több partnerrel együtt élni, és ezek a kapcsolatok valamilyen oknál fogva nem működtek, vagy a párunk meghalt. Talán soha nem találkoztunk a megfelelő személlyel, vagy talán nem is akartunk kapcsolatban élni. Az októl függetlenül sok egyedülálló ember ebben a korban magányosnak és kívülállónak érzi magát egy olyan világban, ahol a partner hiánya kudarcnak tekinthető.

Ha azonban teljesen más szemszögből nézzük ezt a helyzetet, az egyedülállóság ebben a korban egy csodálatos lehetőségnek tekinthető. Sok mindent megtapasztaltunk, és saját élmények során tanulhattuk meg, hogy sok olyan tevékenység, amelynek az életünket szenteljük, végső soron hiábavaló vagy értelmetlen. Lehet, hogy egy bizonyos cél elérése nagy jelentőséggel bírt számunkra a múltban, olykor érezhetjük úgy, hogy „teljesítettük", vagy megtanultuk, amit meg kellett tanulnunk, és ha adunk magunknak egy kis teret, valami új és értelmesebb születhet meg. Ez olyan, mintha egy hagymát pucolnánk meg rétegről rétegre, hogy fokozatosan felfedjünk egy mélyebb célt.

Ha ez a fajta bölcsesség vezet bennünket, és partner nélkül élünk, akkor sok lehetőség nyílhat meg előttünk. Beiratkozhatunk az egyetemre és egy új képzésbe kezdhetünk. Körbeutazhatjuk a világot, megtanulhatunk egy új nyelvet, írhatunk egy könyvet vagy alapíthatunk új vállalkozást, hogy szolgáljuk helyi közösségünket. Bár szokatlannak tűnik, akár be is léphetünk egy kolostorba, vagy a spirituális megvalósításnak szentelhetjük az életünket, olyan egyszerű életet élve, amely lehetővé teszi számunkra, hogy valóban kifejlesszük a tudati békét. Mindezeket és még sok más csodálatos dolgot tehetünk, ha nincs partnerünk vagy családunk, akinek felelősséggel tartozunk.

SZERZETESI ÉLET

A szerzetesi élet sok ember számára szokatlan ötletnek tűnhet a modern világban. Elvégre elképzelhetünk egy steril és unalmas létet, ahol az apácák és szerzetesek elzárkóznak a világtól, szigorú szabályokat betartva, és semmi szórakozásuk nem lehet. A buddhista szerzetesi életről szeretnék egy kicsit beszélni, mert ez egészen más lehet, mint amit sokan elképzelnek. Természetesen nem próbálom a buddhizmust a „legjobb" vallásként vagy a „legjobb" életformaként eladni, inkább csak a saját tapasztalataimat szeretném megosztani abban a reményben, hogy az olvasó hasznosnak találja ezt. Sok éven át buddhista szerzetesként éltem, ezért bátran mesélhetek erről az életről.

Egy buddhista szerzetes igazi célja nem a boldog vagy kellemes élet, hanem a megvilágosodás elérése. Ha azonban az életünket azzal töltjük, hogy elérjük a megvilágosodás állapotát, akkor természetesen boldog és békés életünk lesz. Gyakran látok boldogtalan és magányos férfiakat és nőket Nyugaton, és azt gondolom, milyen csodálatos lehetőség lenne ennek az embernek, hogy békés, szerzetesi életet éljen.

Miért mondom ezt? A szerzetesi élet alapja a lemondás. Amikor engem felszenteltek, még csak tizennyolc éves voltam. Nem szenvedtem az összetört szív érzésének fájdalmától, nem éltem át anyagi nehézségeket vagy csalódást. Csak a barátokkal és a családdal töltöttem kellemes időket, és még szerelmes is voltam — és többet akartam ebből! Ezért először nehéznek kellett volna találnom a szerzetesi életet; azonban a lemondást a buddhista gyakorlat erejével így is ki tudtam fejleszteni. Ha viszont már átéltük az összetört szív érzését és más csalódásokat, akkor ezt a magunk javára fordíthatjuk, ha hagyjuk, hogy ezek az élmények valódi lemondásra inspiráljanak minket.

Mit jelent az életünket a megvilágosodás elérésének szentelni? Ez az elképzelés alapvetően a Buddha tanításán, a Négy nemes igazságon alapul. A Buddha nem azért tanította ezeket az igazságokat, hogy az embereket a buddhizmusra térítse, hanem hogy megmutassa minden élőlénynek a kiutat a szenvedésből. Ezek az igazságok tehát mindenkire vonatkoznak:

1.   Az élet természete a szenvedés vagy a kielégítetlenség.

2. A szenvedés nem véletlenszerű, hanem oka van — negatív érzelmeink, korábbi negatív cselekedeteink és hajlamunk arra, hogy megragadjuk az „én" és a „más" túlzott elképzelését.

3. A szenvedéstől való teljes megszabadulás vagy a megvilágosodás lehetséges.

4. A megvilágosodáshoz vezető út magában foglalja a szenvedés okainak megszüntetését a fegyelem, a koncentráció és a bölcsesség gyakorlásával (más néven Nemes Nyolcrétű Ösvény).[24]

Ezek az igazságok nem csupán intellektuális elméletek vagy filozófiai spekulációk, hanem a Buddha közvetlen meditációs tapasztalás révén fedezte fel őket. A Buddha kora óta sok más meditáló és szemlélődő gyakorló is eljutott ugyanerre a tapasztalatra, és nagyjából ugyanúgy erősíti meg ezeket a felfedezéseket, mint ahogy a tudósok sokszor megismételnek egy kísérletet, hogy igazoljanak egy tudományos felfedezést. Továbbá arra biztatom a kezdőket, hogy ne fogadják el vakhittel ezeket az gondolatokat, hanem alaposan elemezzék és teszteljék saját tapasztalat útján, csakúgy mintha az arany tisztaságát tesztelnék.

A buddhista szerzetesi élet célja tehát az, hogy ezt a jól bevált ösvényt kövessük olyan környezetben, amelyben kevés a zavaró tényező. Ez lehetővé teszi, hogy az ember egyszerű életet éljen, és tudatát a szenvedés kiváltó okainak megszüntetésére összpontosítsa, akárcsak a Buddha és sok követője. Ennek az életmódnak a célja távolról sem énközpontú törekvés, hanem az, hogy a tudatunk erejét növeljük, így sokkal nagyobb képességet fejleszthetünk ki mások segítésére. Csak akkor tudunk igazán segíteni másoknak, ha mi magunk megértjük hogyan győzhetjük le a szenvedést.

Ezért gyakran beszélünk „mások érdekében történő megvilágosodásról"; ebből a perspektívából sokkal többet nyerünk, mint saját üdvösségünket. Ily módon az utolsó generáció nagy tibeti spirituális tanítói közül sokan, mint például saját tanítóm, Lobszang

Trinlé láma és a nagyszerű tizenhatodik Karmapa,[25] sok évet szenteltek a megvilágosodás tudatának kiművelésére. Ez azt jelentette, hogy több évre elvonultak a mindennapi világból, hogy intenzíven részt vegyenek egy elvonulási gyakorlatban, de miután elérték az igazi felismerést, rendkívüli volt a képességük, hogy mások érdekében cselekedjenek. Ez más hagyományokból származó nagyszerű lényekre is vonatkozik, például Jézus Krisztusra.

A buddhista szerzetesi élet valószínűleg nagyon hasonló minden országban. Mivel azonban csak Tibetben tapasztaltam a szerzetesi életet, ez az egyetlen élmény, amit megoszthatok. Az első dolog, amit tudnunk kell, hogy ha tiszta a motivációnk, akkor bármelyik kolostor szívesen befogad bennünket, hogy náluk maradjunk, és addig maradhatunk, ameddig csak akarunk. A második dolog az, hogy ha nem tudjuk eltartani magunkat, akkor általában nem kell szállást, étkezést vagy egyéb költségeket fizetni. Mindazonáltal nem azt javaslom, hogy azért lépjünk be egy kolostorba, hogy elkerüljük a világi felelősséget — alapvető fontosságú, hogy valódi motivációnk legyen, és mivel a nyugatiak tibeti mércével mérve általában meglehetősen gazdagok, teljesen természetes, hogy nagylelkűek legyünk, ha képesek vagyunk rá. Helytelen lenne kihasználni a kolostor nagylelkűségét, ez csak negatív következményekkel járna.

Sok embert ismerek, akik úgy gondolják, hogy nem rendelkeznek megfelelő szintű tanulmányokkal vagy ismeretekkel ahhoz, hogy egy kolostorhoz csatlakozzanak, de ez téves feltételezés. Mint minden más tanulási hely esetében, a kolostorba járók is különböző szinteket érnek el, kezdve azoktól a szerzetesektől vagy apácáktól, akik könnyen kizökkennek a gyakorlatukból, egészen azokig, akik kiváló szintet érnek el. A buddhista kolostorban való tartózkodás nem feltétlenül jelenti azt, hogy minden időnket a buddhizmus tanulmányozására vagy gyakorlására kell fordítanunk. Bár általában kötelesek vagyunk betartani a szigorú napi rutint és a példamutató magatartást, sok időnk is van, amit szabadon felhasználhatunk a saját érdeklődésünknek és tehetségünknek leginkább megfelelő módon. Előfordulhat például, hogy szívesebben segítünk karbantartani a kolostor számítógépeit ahelyett, hogy állandóan tanulnánk.

Függetlenül attól, hogy milyen szerepet töltünk be, csekély esélyünk van arra, hogy magányosak legyünk vagy elszigeteltséget éljünk át. A tibeti nyelvben van egy szó, amelyet „magányosnak" lehet fordítani, bár a legtöbb ember nem teljesen érti, mit jelent ez, mert annyira nem ismerik ezt az élményt. Őszintén szólva, én magam sem értettem a magány vagy a depresszió értelmét, amíg nem jöttem Nyugatra.

Ha a szerzetesi életet fontolgatjuk, ismerkedjünk meg a mai világban létező sokféle szerzetesi hagyománnyal, és tegyük fel magunknak a kérdést, hogy spirituális fejlődésünkhöz milyen életmód felelne meg a legjobban. Ha például kereszténynek nevelkedtünk, és erősen hiszünk ebben a hagyományban, akkor a legjobb az lehet, ha egy keresztény szerzetesrendhez csatlakozunk. Ha intenzívebben szeretnénk a meditációs gyakorlatra összpontosítani, a thaiföldi erdei Théraváda buddhizmus vagy a Zen hagyomány jó lehetőség lehet a felfedezésre. Más hagyományok eközben nagyobb hangsúlyt fektetnek az ösztöndíjra vagy a közösségi alapú projektekre. Előfordulhat, hogy vonz bennünket egy idegen ország szerzetesi közösségéhez való csatlakozás, de egy új nyelv elsajátítása jelentős akadályt jelent. A tanulás azonban természetesen megtörténik, ha elmerülünk egy új nyelvben, és több év elteltével a kommunikáció ritkán okoz gondot.

Sajnos a nyugati kultúra gyakran nincs tisztában a spirituális fejlődés értékével és ennek támogatásának előnyeivel, így nehéz lehet megtalálni a hiteles, anyagilag támogatott utat. Egy másik lehetőség tehát egy csoport vagy laikus közösség részévé válni. Napjainkban számos szervezet nyújt támogatást azoknak, akik ezen az úton szeretnének járni. Ahelyett, hogy köntöst viselnének és betartanák a felszentelt szerzetesek vagy apácák előírásait, másokhoz hasonló „világi életet" élnek, elkötelezik magukat a munka és a családi élet fegyelme mellett, belső életük mégis más; úgy döntenek, hogy leegyszerűsítik életüket, hogy teret adjanak a meditációs gyakorlásnak, a spirituális tanítások tanulmányozásának és az elkötelezettségnek, hogy életük minden területén megtestesítsék ezeket a tanításokat. Dönthetnek úgy is, hogy időt szánnak a rendszeres elvonulásra.

Emlékeznünk kell azonban arra, hogy a „hiteles ösvény" keresése nem könnyű feladat; sok „spirituális tanító" ígér nagy dolgokat, de alapos elemzéssel azt találjuk, hogy tanításaik nem hitelesek, vitákba keverednek, vagy a személyi kultuszt erősítve viselkednek. A megfelelő és hatékony út megtalálása nagyszerű készségeket és belátást kíván,[26] valamint saját motivációnk alapos átgondolását és irgalmatlan őszinteséget igényel. Tisztában kell lennünk azzal is, hogy hajlamosak vagyunk kötődni a spirituális fogalmakhoz vagy bizonyos elvárásokhoz, ami elvonhatja a figyelmünket a spirituális élet megfelelő gyakorlásától vagy a hiteles ösvény megtalálásától.

Nincs garancia arra, hogy nem találkozunk nehézségekkel és félreértésekkel, még akkor sem, ha elköteleztük magunkat egy adott ösvény mellett. Találkozhatunk például olyan emberekkel, akik haszontalan vagy zavaró tanácsokat adnak nekünk, vagy elbátortalanodhatunk, ha a körülöttünk lévők nem gyakorolják azt, amiről szónokolnak. Ebben a helyzetben kulcsfontosságú, hogy folyamatosan ellenőrizzük motivációnk valódiságát, és továbbra is saját józan eszünkre és józan ítélőképességünkre hagyatkozzunk a vakhit helyett. Ha egy út egyértelműen nem felel meg nekünk, vagy nem használ nekünk, akkor legyen bátorságunk diszkréten és méltósággal távozni. Kerülnünk kell, hogy túlzottan kritikusak legyünk, és ne törekedjünk semmilyen bosszúra, mert végső soron saját magunknak ártunk. Ha a motivációnk tiszta és hiteles, és igyekeztünk hiteles tanításokat tanulni, akkor csak idő kérdése, mikor találkozunk hiteles tanítóval.

Világi élet

Sokan gondolnak vagy álmodoznak arról, hogy lemondanak a világi életről és belépnek egy kolostorba, azonban gyakran érzik úgy, hogy olyan kötelezettségeik vannak, amelyekről egyszerűen nem tudnak lemondani, például az idős szülők vagy a gyerekek. Mindazonáltal, ha egy személy lemondása erős és tiszta, akkor is képes lehet lemondani tulajdonáról, karrierjéről és családjáról, hogy teljesen a spirituális életnek szentelje magát. Ez gyakran megtörtént a legkiválóbb buddhista szerzetesekkel, de magával a Buddhával is, aki feláldozta luxus életét, trónörökösi pozícióját, feleségét és fiát, hogy elérje a megvilágosodást. Tehát ha elég erős a vonzerő a szerzetesi élet felé, akkor azt tanácsolom, hogy mindenképpen válasszuk azt!

Ez azonban nem jelenti azt, hogy azért, hogy boldogok legyünk az életünket a spirituális megvalósításnak kell szentelnünk. Ha nem tudunk kapcsolódni ehhez a gondolathoz, akkor választhatunk, hogy új társat keresünk, vagy egyedülállók maradunk. Mint korábban említettem, az egyedülálló élet számos előnnyel jár, számos lehetőséget kínál tanulásra, utazásra, emberekkel való találkozásra és különböző érdeklődési körök felfedezésére. Sok ajtó nyitva áll, és biztosan nem kell magányosnak lennünk. Ha bekapcsolódunk a helyi csoportokba vagy szervezetekbe, egy közösség részének érezhetjük magunkat, és társaságra és barátságra lelhetünk. Mégis, ha megelégszünk azzal, hogy egyszerű és békés életet élünk, nincs szükségünk semmiféle célra vagy tevékenységre, amely elfoglalna bennünket. Bár lehetünk egyedül, soha nem leszünk magányosak, ha valódi elégedettségre találunk magunkban.

Mi van akkor, ha mindig is meg akartunk házasodni, de sosem sikerült megtalálnunk a megfelelő embert? Hagyományos keleti nézőpontból ebben a korban mondhatjuk, hogy „ez a hajó már elment", de manapság az emberek minden életszakaszban házasodnak, és az életkor nem igazán számít. Bölcsebb, érettebb perspektívával és rengeteg élettapasztalattal a zsebünkben, valószínűleg bölcsebb döntéseket hozunk, ha kapcsolatokról van szó. Vannak azonban hátrányai is. Például egy idősebb férfi, aki egy fiatal nőt vesz feleségül, bizonytalannak érezheti magát, és féltékeny lehet a fiatalabb férfiakra. A legfontosabb, hogy emlékezzünk arra, hogy akár fiatalon, akár idősen házasodunk, sőt, egyáltalán házasodunk-e, soha nem tudjuk megmondani, melyik a jobb sors, és melyik út hozná el a legtöbb boldogságot. A boldogságot hozó feltételeket belülről alakítjuk ki, és nem szabad attól függenie, hogy van-e partnerünk vagy sem.

EGY ÚJ KAPCSOLATBA LÉPÉS

Ha ebben a korban úgy döntünk, hogy társat keresünk, sok élettapasztalatot fogunk vinni a kapcsolatba. Lehet, hogy volt egy vagy több korábbi kapcsolatunk, ami véget ért, és ennek sok oka lehetett. Függetlenül attól, hogy milyen feltételek vagy körülmények vezetnek ezeknek a kapcsolatoknak a végéhez (a haláltól eltekintve), a kiváltó ok szinte mindig a feltétel nélküli szeretet és együttérzés hiánya. Az őszinte szeretet és együttérzés nem csökken az idő múlásával, inkább valószínűleg elmélyül, ahogy az évek telnek. A szeretet más formái viszont inkább a vonzáson és a múló érzelmeken alapulnak — ezek idővel elkerülhetetlenül csökkennek, mivel hiányzik a bölcsesség és az együttérzés.

Gondolkodjunk el korábbi kapcsolatainkon, és kérdezzük meg magunktól, milyen alapokra épültek. A törődésen, a megértésen, az együttérzésen és a tiszteleten alapultak, vagy énközpontú szükségleteken és vak vonzódáson? Ezt a bölcsességet felhasználhatjuk egy új kapcsolat szilárd alapjainak lefektetésére. Lényegében meg kell vizsgálnunk, hogy képesek vagyunk-e nagylelkűek, türelmesek, megfontoltak és együttérzőek lenni, vagy legalább fel kell ismernünk ezek fontosságát. Ezek a belső tulajdonságok jól felkészítenek bennünket egy boldog új kapcsolatra. Ellenkező esetben visszaeshetünk régi szokásainkhoz, és megismételhetjük múltunk hibáit.

A KAPCSOLAT FENNTARTÁSA

Bár ez nem vallásos könyv, szeretnék megemlíteni egy konkrét buddhista szöveget, a Sigalovada Szuttát,[27] amely néhány egyszerű és gyakorlatias bölcsességet kínál arra vonatkozóan, hogyan kell a férjnek és feleségnek bánni egymással. Alapvetően azt tanácsolja a férjnek, hogy legyen udvarias, hűséges, tartsa tiszteletben a feleségét, és elégítse ki a szükségleteit, míg a feleség legyen hűséges a férjéhez és védje meg a vagyonát.

Ez a szöveg természetesen ősidőkre nyúlik vissza, és abból indul ki, hogy a férj a fő jövedelemforrás. Manapság kicsit bonyolultabb a helyzet, hiszen sokszor a férjnek és a feleségnek is van munkája. Bár az, hogy ki vállalja a legtöbb háztartási feladatot, és ki legyen az elsődleges bevételi forrás, megbeszélhető, de az a lényeges szempont, hogy tiszteljék egymást, legyenek hűségesek és vigyázzanak egymás szükségleteire, ma is aktuális.

Azt is fontosnak tartom, hogy a nők és a férfiak feltárják a nemük közötti alapvető különbségeket. A nyugati pszichológiában köztudott, hogy a férfiak és a nők egy kissé eltérő módon látják a világot.[28] Például a férfiak általában inkább irány- és célorientáltak, míg a nőket az a vágy vezérli, hogy a szeretetüket és energiájukat megosszák másokkal. Amikor problémával szembesülnek, a férfiak hajlamosak lehetnek visszavonulni vagy „időt" kérni, amíg nem találnak megoldást, míg a nők sokkal szívesebben beszélnek a problémákról, még akkor is, ha ez nem oldja meg a problémát. Saját tapasztalataim is megtanítottak arra, hogy a legtöbb nő jobban teljesít a többfeladatos munkában. Az ilyen típusú különbségek tudatosítása segíthet minden partnernek felismerni a másik erősségeit és korlátait, és ennek megfelelően megosztani a háztartási feladatokat.

Bármennyire is értjük a férfiak és nők közti általános különbségeket, mégis meg kell értenünk partnerünk sajátos személyiségét és természetét, ehhez jó, nyitott kommunikációra van szükség. Túlságosan is könnyű félreértelmezni házastársunk viselkedését, és ahhoz, hogy ne essünk ebbe a csapdába, fontos, hogy nyíltan és tiszta szándékkal tudjuk megbeszélni, miért cselekszenek egy adott módon. Minden konfliktust könnyebb lesz megoldani, ha valóban jóindulattal fordulunk partnerünk felé, és különösen akkor, ha mindketten a tanulás és a közös fejlődés lehetőségeként tekintünk a konfliktusra.

Ezzel ismét eljutunk a tiszta vagy feltétel nélküli szeretet fontosságához minden házasságban vagy párkapcsolatban. Tisztán szeretni valakit azt jelenti, hogy az ő boldogságát a miénknél fontosabbnak tartjuk. Sokan azt mondják, hogy teljes szívükből szeretnek egy személyt, majd összetörnek, amikor partnerük úgy dönt, hogy véget vetnek a kapcsolatnak. Talán elkezdik mondogatni, hogy utálják korábbi partnerüket, megeszi őket a féltékenység vagy a harag. Ez inkább a birtokló szeretet, mint a tiszta szeretet példája. Ha viszont tiszta a szeretetünk, akkor még örülnünk is kell nekik, amikor elhagynak minket valaki másért, ha ettől ők boldogabbak lesznek. Amikor nyilvános előadásokon ezt kifejtem, sok ember megdöbben, és nem ért egyet velem. A másik ember iránti tiszta szeretet azonban azt jelenti, hogy őszintén a legjobbat akarjuk neki, függetlenül attól, hogy ez milyen hatással van ránk. Talán azt gondolhatjuk, hogy ez a fajta hozzáállás önfeláldozó, és nem válik hasznunkra, de ha valakit igazán tiszta motivációval szeretünk, az mindenképpen erősebbé teszi a kapcsolatunkat, és ennek a tulajdonságnak az ápolásával tudatunk megnyílik a valódi boldogság felé.

JOBBÁ TENNI GYERMEKEINKET MAGUNKNÁL

Mindenki szereti a gyerekét (ritka kivételtől eltekintve), mégis vannak szülők, akik nem tudják, hogyan képezzék hatékonyan őket. Sajnos vannak szülők, akik figyelmen kívül hagyják gyermekeik alapvető fizikai és érzelmi szükségleteit. A másik véglet, hogy sajnos vannak olyan szülők is, akik gyermekük minden vágyát kielégítik. Sokszor hallottam, hogy az emberek azt mondják, annyira szeretik a gyerekeiket, hogy nem tudnak nemet mondani, és mindent megadnak nekik, amit csak akarnak! Noha ezek a szülők igyekeznek kedvesek lenni, valójában nagyon ártanak gyermekeiknek. Az a gyermek, akinek minden megadatott, gyakran úgy nő fel, hogy azt várja, könnyű lesz az élete, és azonnal megkapja, amire vágyik. Amikor szembesülnek az élet valóságával, különösen, ha csalódással és kudarccal találkoznak, nehezen boldogulnak, mert nem tanulták meg, hogyan kell kitartani vagy türelmesnek lenni. A szülőknek nem szabad túlságosan meglepődniük ezen; elvégre nem lehet melegházban nevelni egy növényt, kihelyezni egy téli viharba, majd csodálkozni, ha nem éli túl. Ezért alapvető fontosságú, hogy szilárd határokat szabjunk, és megtanítsuk a gyerekeket, hogyan éljék túl a nehézségeket, ugyanakkor mutassuk meg nekik az őszinte szeretetet és együttérzést.

A következetes határok meghúzása, például a televízió nézése, vagy az alvás idejének megszabása, és a segítségnyújtás a házi feladatban, nemcsak megtanítja gyermekeinket, hogy az élet nem mindig könnyű, hanem az életüknek egyfajta struktúrát vagy ritmust ad, amitől biztonságban érezhetik magukat. Amikor gyermekeinknek nem kell állandóan a változással és a bizonytalansággal szembesülniük, képesek jó erkölcsi magatartást kialakítani, nem azért, mert kénytelenek, hanem azért, mert megtanulják látni a jó, fegyelmezett rutin előnyét. Ez a kreativitás, a bizalom és a kedvesség alapjává is válik mások jelenlétében.

A határozott fegyelem és a határok felállítása szintén kulcsfontosságú, ha a gyermekeinket a „középúton" akarjuk tartani – nem szabad hagyni, hogy megússzák azt, amit akarnak, de nem szabad rájuk kényszeríteni, hogy megfeleljenek a magas elvárásoknak. Ezen túlmenően, amikor gyermekeinket felkészítjük a jövőre, ne csak a számukra félretett pénzről vagy a számukra vásárolt házról beszéljünk. Természetesen ez az anyagi segítség hasznos, de sokkal fontosabb, hogy gyermekeink szellemi és érzelmi fejlődésébe fektessünk.

Emlékeznünk kell tehát a boldogság alapvető feltételeire, és meg kell tanítanunk ezeket gyermekeinknek – különösen az önértékelést, az együttérzést, az önuralmat és a jellem erejét. Azáltal, hogy történetmesélésen, beszélgetésen és saját tetteink példáján keresztül bölcsességet és együttérzést tanítunk nekik, a lehető legjobb módon készítjük fel őket a jövőbeni boldogságra és s kerre.

Fontos, hogy ezeket a tulajdonságoka: a gyermekkor minden korszakában[29] tanítsuk, emlékezve arra, hogy ennek a legjobb módja mindig a saját példánk mutatása. A gyerekek életük első négy évében rendkívül érzékenyek arra az érzelmi környezetre, amelyben felnőnek, ezért a legfontosabb, hogy gyermekeinknek teljes, feltétel nélküli szeretetet mutassunk ki. Meg kell próbálnunk éreztetni velük, hogy valóban különlegesek, és mély belső értékítélettel feltölteni őket. Az általános iskolás korban meg kell látnunk és támogatnunk kell gyermekünk kreativitását, szorgalmát, mások iránti segítőkészségét, mindezen tulajdonságok kibontakozását ösztönözve, majd tinédzser korukban elősegíthetjük, hogy az emberi faj értékes és hozzájáruló tagjának érezzék magukat, tudván, hogy az életnek van értelme, bármi is történik. Egy tinédzser nevelése soha nem könnyű, hiszen a között lavírozunk, hogy a legjobbat akarjuk tenni érte, de ugyanakkor megtanuljunk bízni abban, hogy megtalálják a saját útjukat. Megtanulni feltétel nélkül szeretni őket, függetlenül attól, hogy milyen döntéseket hoznak, minden bizonnyal nagy kihívás lehet.

Végül pedig az egyik leglényegesebb lecke, amelyet gyermekeinknek meg kell tanítani, azok a drog-, dohány- és alkoholfogyasztás káros következményei. Egyes szülők úgy gondolják, hogy mivel fiatal korukban dohányoztak vagy kísérleteztek drogokkal, nincs joguk arra utasítani gyermekeiket, hogy ne tegyék ugyanezt. Ez nem igaz – tapasztalatunkkal hatékonyabban tudjuk majd tanítani gyermekeinket, és megpróbálhatjuk jobbá tenni őket, mint saját magunk. Ne feledjük azonban, hogy ha nehézségeink vannak gyermekünk viselkedésének kezelésében, soha nem vagyunk egyedül, és mindig elérhető a segítség.

A SZÜLŐK ÉS A HÁLA KIFEJEZÉSÉNEK LEHETŐSÉGE

Életünknek ebben a szakaszában már nagyon valószínű, hogy szüleink egészsége megromlik, vagy már nem is élnek. Ha gyenge az egészségi állapotuk, valószínűleg sok időt és erőforrást igényelnek. Előfordulhat, hogy hívnak minket, hogy vigyük el őket orvosi rendelésekre, segítsünk olyan munkákban, amelyeket már nem tudnak elvégezni, vagy akár hozzánk kívánnak költözni, hogy jobban vigyázhassunk rájuk.

Tibetben az az elvárás, hogy a gyerekek saját otthonukban gondoskodjanak szüleikről, amikor szüleik idősebbek. Bár Nyugaton más a kultúra, mégis fontos, hogy szüleinkkel a lehető legjobban bánjunk. Ritka kivételektől eltekintve rendkívül kedvesek voltak velünk, és természetes, hogy ezt a kedvességet szeretnénk viszonozni. Ne feledjük azt se, hogy gyermekeink megtanulják a példánkból, hogyan kell bánni a szülőkkel – ha jó példát mutatunk azzal, hogy kedvesen és együttérzően gondoskodunk szüleinkről, akkor gyermekeink nagyobb valószínűséggel teszik ugyanezt értünk.

Amikor a szülők megöregednek, és a segítségünkre van szükségük, ez jelentős gyötrelmet okozhat azoknak, akiknek nem volt jó kapcsolatuk velük. Talán úgy érezzük, hogy a szüleink soha nem törődtek velünk, esetleg alkoholisták vagy drogfüggők voltak. Talán nem fordítottak ránk kellő figyelmet, vagy nem tudtak megfelelő oktatást vagy anyagi támogatást nyújtani. Akár hibáztak a nevelésünkben, akár nem, továbbra is természetes, hogy a szülők boldog életet kívánnak gyermekeiknek. Ezt akkor érthetjük meg, ha elgondolkozunk saját gyermekeink iránti érzéseinken.

Mióta Nyugaton vagyok, sok emberrel találkoztam, akik nincsenek megelégedve a saját életükkel, és ezért a szüleiket tartják felelősnek.

Életük sikertelenségét annak tulajdonítják, hogy szüleik nem gondoskodtak róluk. Ez a nézet a pszichológia egyes ágaiból eredhet, amelyek azt mondják, hogy az emberek negatív személyiségjegyeit erősen befolyásolja a nevelés, és hogy nagyon nehéz ezt megváltoztatni. Buddhista szempontból ez nem egészen igaz. Az életben nem minden következmény gyermekkori tapasztalataink eredménye. Inkább magunkban hordjuk sorsunk magvait. Bár úgy érezhetjük, hogy „megrekedtünk" bizonyos szokásokban, amelyeket bizonyos gyermekkori eseményekre vezethetünk vissza, mégis megtanulhatjuk elfogadni helyzetünket, és megbocsátani azoknak, akiket hibáztatunk.

Tegyük fel, hogy a szüleink felelősek életünk kudarcaiért. Még ha ez így is lenne, semmi előnye, ha haragot, gyűlöletet vagy csalódottságot érzünk irántuk, mivel ezek a negatív érzelmek csak ártanak nekünk. Ha tudatában vagyunk annak, hogy a harag fenntartásával egyáltalán nem érünk el semmit, megtanulhatjuk együttérzően elfogadni azt az utat, amelyen át kell mennünk, és tovább léphetünk céljaink és álmaink irányába. Ahelyett, hogy a haragot rejtegetnénk, ne feledjük, hogy a hála a boldogság egyik alapvető feltétele. Természetesen hálát fogunk érezni, ha leküzdjük haragunkat, mert az igazság az, hogy a szülők tökéletlenségeik ellenére is nagyon szeretik gyermekeiket és gondoskodnak róluk. Ha hálásak vagyunk szüleinknek, hogy felneveltek minket, boldogságot és belső szabadságot fejlesztünk ki magunkban.

KIELÉGÍTETLEN MUNKÁK ÉS A MATERIALIZMUS CSAPDÁI

Sok ember, akivel beszéltem, boldogtalannak tűnik a munkája miatt. Azt mondják, állandóan rohannak és stresszesek, nem szeretik azokat az embereket, akikkel dolgoznak, vagy azt kívánják, bárcsak abbahagyhatnák a munkát. Bár nincsenek egyszerű válaszok, úgy gondolom, hogy hasznos lehet, ha alaposan megvizsgáljuk, hogy mi motivált minket az adott munkaterületen való részvételre. Az a vágy motivált bennünket, hogy segítsünk az embereknek, vagy az, hogy olyasmit csináljunk, amit őszintén élvezünk vagy értelmesnek találunk? Vagy egyszerűen csak arra törekedtünk, hogy előrébb jussunk és sok pénzt keressünk, vagy magas státuszt érjünk el? A munka inkább kötelesség, mintsem szenvedély, alig több, mint amivel a számlákat kifizetjük, a családunkat eltartjuk vagy más érdeklődéseket finanszírozunk?

Ha úgy tekintünk a munkánkra, mint „elhivatottságra", vagy mint egy mód arra, hogy megosszuk egyedi ajándékainkat a világgal, akkor valószínűleg nagyon elégedettek leszünk a munkánkkal. Ha viszont az a vágy hajt bennünket, hogy nagyobb házat építsünk, vagy megkapjuk azt a kitüntetett előléptetést, akkor munkánk rögeszmévé válhat, mivel a „feljebb és tovább" jutás ösztönöz bennünket. Bár élvezhetjük, amit csinálunk, életünk hátralévő részében valószínűleg szenvedni fogunk. Gyakran stressz vagy akár kiégés az eredménye, hiszen ami bemegy, annak ki is kell jönnie. Viszont, ha a munkánk nem több, mint kötelesség vagy kötelezettség, akkor valószínűleg nem is találunk általa igazi elégedettségre. Sok lelki munkára lehet tehát szükség ahhoz, hogy találjunk valami mást, ami megfelel legmélyebb célunknak.

Tisztában kell lennünk azzal is, hogy a munkával való elégedettség kevéssé függ attól, hogy milyen munkát végzünk.[30] Például a takarítói munka óriási jelentőséggel bírhat számunkra, különösen akkor, ha azt gondoljuk, hogy mindenki értékeli a tisztaságot, és így hozzájárulunk mások életéhez. Ezzel szemben előfordulhat, hogy orvosként frusztráltnak érezhetjük magunkat vagy unatkozhatunk, mert pácienseink soha nem szűnnek meg panaszkodni, és nem is keresünk elég pénzt.

Ha nagyon nem szeretjük a munkánkat, komolyan át kell gondolnunk, miért csináljuk. Ha csak pénzt keresünk, hogy megengedhessük magunknak a gazdag életmód fenntartását, akkor érdemes leegyszerűsíteni az életünket és csökkenteni az anyagi gazdagság iránti vágyunkat, és a kevesebb munkaidővel járó munkát választani. Mindannyian hajlamosak vagyunk azt gondolni, hogy ha több tulajdonra teszünk szert, akkor boldogabbak leszünk, mégis néha megláthatjuk, hogy ez olyan, mintha sós vízzel próbálnánk oltani a szomjat. Ahogyan a sós víz megivása után még szomjasabbak leszünk, úgy leszünk egyre elégedetlenebbek, ha csak a magunk boldogságára gondolunk. Egy mérnökként dolgozó barátom egyszer azt mondta, hogy nem boldog, mert minden barátja többet keres, mint ő. Azt mondtam neki, hogy bármennyit is kap, valaki más mindig többet fog keresni. Nem könnyű megelégedni a sorsunkkal az életben, és csak azt kívánom, hogy minél többen megízleljék azt a belső szabadságot és lelki békét, amit egy ilyen hozzáállás kínál

A valódi vagy jó motiváció hiánya minden bizonnyal az egyik oka annak, hogy boldogtalanok vagyunk a munkában, de egy másik ok az is, hogy nem biztos, hogy elég ambícióval vagy összpontosítással rendelkezünk. Az ázsiai emberek néha napi tizennégy órát is képesek dolgozni azzal a céllal, hogy gyorsan kifizessék például egy új otthonra felvett jelzáloghitelüket. Lehet, hogy a motivációjuk nem feltétlenül jó, és az életük nem „kiegyensúlyozott", mégis általában boldogok, mert tudatukat magas szintű összpontosításra és elkötelezettségre képezték. Megelégszenek azzal, hogy lehajtják a fejüket, és csak a munkát végzik, ahelyett, hogy az ünnepek, a munkakörülmények vagy más elvárások miatt aggódnának. Egyszerűen túl elfoglaltak ahhoz, hogy szomorúak vagy depressziósak legyenek.

Ez a fajta munkamorál nyugati szempontból kiegyensúlyozatlannak tűnhet. Ez bizonyos mértékig igaz, de emlékeznünk kell arra, hogy az ambíció, az elszántság és az összpontosítás közvetett okai egy bizonyos szintű boldogságnak, ezért van némi értékük. A boldogság magasabb szintjének eléréséhez azonban kiegyensúlyozottabb szemléletre van szükségünk.

SZABADSÁG, SZENVEDÉS ÉS ÁLLANDÓTLANSÁG

A buddhizmusban sokat beszélünk a szenvedéstől való megszabadulásról. Ezt a gondolatot azonban gyakran félreértik, különösen a modern világban. A szabadságnak több fajtája létezik. Az első a külső szabadság, például a szólásszabadság és az üldözéstől való félelem nélküli életvitel. Ez a fajta szabadság sok helyen hiányzik a világon. Szinte minden nyugati ország nagyon szerencsés, hogy rendelkezik ezzel a szabadsággal, bár ritka, hogy ezt igazán értékelik.

A szabadság második fajtája az egyéni szabadság, amelyet a posztmodern Nyugaton sokan nagyon nagyra értékelnek. Ezzel a fajta szabadsággal azt gondoljuk, hogy „jogom van ezt megtenni, vagy jogom van birtokolni azt". Ezért büszkék vagyunk az egyéni magatartás teljes szabadságának vagy autonómiájának eszméjére.

Bár fontos, hogy magunk döntsünk arról, hogyan élünk és cselekszünk, ez valójában nem valódi szabadság. Ez a fajta hozzáállás gyakran arra késztet bennünket, hogy leginkább saját jólétünkre koncentráljunk, és ennek következtében távolságot teremtünk magunk és mások, például barátaink vagy szomszédaink között. Még az is előfordulhat, hogy teljesen elkerülünk másokat, vagy nem válaszolunk másoknak, mert annyira aggódunk a „szabadságuk tisztelete" miatt. Például, ha egy fiatal férfi úgy dönt, hogy elkezd dohányozni, vagy úgy cselekszik, hogy nyilvánvalóan árt magának, akkor gondolhatjuk azt, hogy ez rendben van, szabadon viselkedhet a döntésének megfelelően. Ez nem igazi szabadság, hanem inkább egy nem segítő hozzáállás, amely végül magányhoz vezet. Ez egy gyakori probléma a modern világban, és mindannyiunknak komolyan el kell gondolkodnunk ezen.

Amit nem veszünk észre az az, hogy a hamis szabadságot nagyon nehéz felismerni Nyugaton, mivel ez az évszázados kulturális megszokásból fakad. Az ázsiai országokban például harcolhatnak egymással az emberek, de általában képesek a konfliktusok megoldására, sőt ennek eredményeként egymáshoz közelebb is kerülnek. Ha azonban elkerüljük a konfliktust azzal az ürüggyel, hogy mások jogait tiszteletben tartjuk, könnyen eltávolodunk, és kevésbé leszünk tudatában mások jólétének.

A valódi szabadság viszont létfontosságú a boldogsághoz. Ez nem azt jelenti, hogy bármit megtehetünk, amikor csak akarunk, hanem azt, hogy uralni tudjuk érzelmeinket és vágyainkat, így eldönthetjük, hogyan reagáljunk bármilyen helyzetben, és eldönthetjük, hogyan éljük életünket anélkül, hogy érzelmi konfliktusok vezérelnek bennünket. Buddhista szemszögből ez azt jelenti, hogy megszabadulunk a karmától, vagy a múltbeli szokásaink és tetteink erejétől. Ha mentesek vagyunk a karmától, bármilyen helyzetbe is kerülünk, nem érzelmeink és szokásaink irányítanak bennünket. Akkor valóban szabadok vagyunk.

Még ha nem is vagyunk buddhisták, a gondolataink és érzelmeink irányításának képessége nagy szabadságot ad nekünk. Ahogy korábban is mondtam, nem a külső események határozzák meg, hogy mennyire vagyunk boldogok, hanem az, hogy hogyan reagálunk rájuk, ezért, mivel gondolataink és érzelmeink olyan nagy szerepet játszanak a boldogsági szintünk meghatározásában, ha csak egy kis befolyásunk is van felettük, az rendkívül értékes.

Ahogy öregszünk, egyre több tapasztalatunk lesz az életben, jó és rossz egyaránt. Mire elérjük ezt az életkort, valószínűleg valamilyen formában a szenvedés tanúi voltunk, talán egy szeretett személy halála vagy egy kapcsolat vége miatt. Tudni fogjuk tehát, hogy a világ legjobb egészségügyi ellátása, legjobb biztosítása és minden erőfeszítés ellenére sem tudjuk megállítani a halált, a betegségeket, az öregedést vagy az élet sok más dolgát, amelyek elkerülhetetlenül szenvedést okoznak. Az élet természete a mulandósága – folyamatosan változik jó és rossz irányban egyaránt.

Ha erősen ragaszkodunk érzéseinkhez és a körülöttünk lévő emberekhez, akkor a saját és a hozzánk közel állók szenvedésein alapuló világot teremtünk. Ez az, amit a Buddha felismert oly sok évvel ezelőtt. Vannak, akik nagyon depresszióssá válnak, amikor ráébrednek erre, és azt gondolják: "Nos, mi értelme van? Mivel az élet szenvedés, akár most is feladhatom."

A Buddha azonban megmutatta nekünk, hogy van mód arra, hogy megszabaduljunk a szenvedés körforgásából, és ez az, hogy elengedjük ragaszkodásunkat. Ez vonatkozik mind a negatív körülményekre és érzelmekre, mint a harag vagy a gyűlölet, valamint az élvezetes körülményekre és érzelmekre, amelyek örömet okoznak nekünk, mint például a romantikus szerelem. Fel kell ismernünk, hogy ezek jönnek-mennek, és bár élvezhetjük a kellemes érzelmeket, ha túl erősen ragaszkodunk hozzájuk, akkor szenvedni fogunk, ha a körülmények megváltoznak. Ehelyett arra kell törekednünk, hogy elérjük azt a szabadságot, amely békés, boldog és együttérző tudatot eredményez, nem pedig egy olyat, amelyet az érzelmek és vágyak szeszélyei rángatnak.

GYAKORLAT – TANULÁS AZ ÉLETTAPASZTALATBÓL

Mostanra rengeteg élettapasztalatot gyűjtöttünk össze, és sok értékes dolgot tanulhatunk, ha mélyen átgondoljuk, mit tanított nekünk az életünk. Ez akár arra is késztethet bennünket, hogy átértékeljük bizonyos prioritásainkat.

Először jusson eszünkbe egy személy, akivel a múltban kapcsolatban álltunk. Ennek nem feltétlenül kell egy partnernek lennie – lehet barát, szülő vagy esetleg munkatárs. Mi volt a motivációd a kapcsolatban? Úgy sikerült, ahogy vártad? Mennyire volt sikeres a nehézségek leküzdése? Mennyire volt nyitott a kommunikációd? Talán ha volt egy nagy nehézségekkel járó időszak, leírhatod, mire emlékszel – ez segíthet elfogadni a múltat és továbblépni.

Ezután idézz fel egy olyan munkát, amelyet korábban dolgoztál, és tegyél fel magadnak hasonló kérdéseket. Mi volt a motivációd az ilyen jellegű munkához? Mit tanultál még a tapasztalataidból?

Most nézd meg jelenlegi helyzeted. Tedd fel magadnak a kérdést: „Hogyan alkalmazhatom a leckéket, amelyeket megtanultam? Hogyan élhetem az életemet a lehető legbölcsebben?'

Ülj egyenesen, egyenes gerinccel, kezeid az öledben, feszítsd meg testedet, majd érezd, hogy mindenhol elernyed. Kérdezd meg magadtól őszintén, van-e valami, amit szeretnél megváltoztatni életednek ebben a szakaszában, majd gondold át, hogyan tudnád ezt megvalósítani.

HETEDIK FEJEZET

A Bölcsesség Kora

Ebben az időszakban, az élet ötödik szakaszában nagy különbségek lesznek az emberek körülményei között, de az, hogy ez az életszakasz örömteli-e vagy sem, attól függ, hogyan tekintünk az életre, és mennyire tág vagy korlátozott a felfogásunk. Ez egy olyan időszak, amikorra teljesítettük az élet számos kötelezettségét, és megbirkóztunk számos kihívással, amelyekkel életünk során szembesültünk. Egyesek számára a külső körülményeik lehetővé teszik az új kezdetet. Végre visszavonulhatnak a munkájukból, beutazhatják a világot, vagy több időt tölthetnek szeretteikkel. Mások számára ezt az életszakaszt a veszteség jellemezheti – a házastárs elvesztése, a társadalomban betöltött szerep elvesztése a nyugdíjba vonulás után vagy a jó egészség elvesztése. Azonban helyzetünktől függetlenül ebben a korban olyan életszakaszba lépünk, amikor fontos az önvizsgálat és a jelentés megtalálása. Ezáltal megtanulhatjuk felismerni, hogy bármilyen veszteségről is legyen szó, valójában az egy lehetőség a spirituális fejlődésre és a belátásra.

Az emberi természet nagyra értékeli az eredményeket, a versenyt és a dolgok megszerzését, és valószínűleg sok mindenre törekedtünk életünk során. Valószínűleg keményen dolgoztunk azért, hogy pénzt keressünk, házat és egyéb javakat szerezzünk, gyermekeinket felneveljük, sikeres karriert építsünk, és elnyerjük mások dicséretét. Sokan még ebben a korban is törekednek ilyesmire. Gondoljuk át alaposan, milyen életet építettünk fel magunknak. Valóban értelmesnek tűnnek azok a dolgok, amelyekért oly keményen dolgoztunk? Jelentéssel telinek tűnik számunkra az életünk? Kifejlesztettük a belső biztonságot? Gondoljon erre az öregedés összefüggésében. Bár lehet, hogy keményen dolgoztunk és sok mindent elértünk, testünk egész idő alatt lassan és elkerülhetetlenül hanyatlott. Ebben a korban ráébredünk, hogy többé nem tagadhatjuk a halál elkerülhetetlenségét – bármit is teszünk, ez alól nincs kibúvó. Van még értelme továbbra is ugyanúgy élni az életünket? Vagy talán ideje lenne néhány változtatást végrehajtani és új prioritásokat felállítani?

Hiszem, hogy a legtöbb ember rájön, hogy sok dolog, amivel kitöltötte az életét, az öregedés beköszöntével már nem ugyanazt jelenti számukra. Ennek azonban nem kell nyomasztó gondolatnak lennie, és semmiképpen sem szabad órákat azzal töltenünk, hogy bánjuk az ezekre fordított időt és energiát. Inkább arra használhatjuk fel ezt a felismerést, hogy megszüntessük ragaszkodásunkat sok olyan dologhoz, amit már nem tartunk fontosnak, és kifejleszthetjük a belső elégedettség gazdagságát. Ez egy teljesen új világot nyithat meg, és lehetőséget ad arra is, hogy jobban odafigyeljünk tudatunkra.

Természetesen még nem késő tudatunkat fejleszteni, és ehhez nem kell szerzetesnek vagy apácának lennünk, és nem kell naponta órákat meditációval töltenünk. Életünknek ebben a szakaszában, mint minden más szakaszban, az a legfontosabb, hogy megvizsgáljuk hozzáállásunkat és cselekedeteinket a mindennapi életünkben. Látni fogjuk, hogy sok egyszerű dolgot megvalósíthatunk belső tulajdonságaink fejlesztése és saját boldogságunk előmozdítása érdekében, függetlenül attól, hogy milyen jó vagy rossz az életminőségünk.

VESZTESÉG ÉS MULANDÓSÁG

Ahogy korábban említettük, sokan ezt a kort a hanyatlás kezdetének tekintik, és az általuk fontosnak tartott dolgok végső elvesztésének. Könnyű becsapni magunkat azzal, hogy irányítani tudjuk a körülöttünk lévő világot, hisz a jó orvosi ellátásban és a biztosításban bízhatunk, ha a dolgok rosszul mennek, ez azonban egyszerűen nem igaz. Annak ellenére, hogy születésünk óta közeledünk a halálhoz, ez gyakran csak akkor válik világossá számunkra, amikor szembesülünk saját halandóságunkkal, és néha egészen megdöbbentő lehet. Arra is ráébredünk, hogy a halál időpontja bizonytalan, hogy akár tinédzserek, akár kilencven évesek vagyunk, soha nem lehetünk biztosak abban, hogy élünk még egy évet.

Lelki szenvedést okozhat bármilyen veszteség, például egy szeretett személy elvesztése, munkahely elvesztése, státusz elvesztése vagy az egészség elvesztése. Mindezek a veszteségek nagy szenvedést okozhatnak nekünk, ha nem tekintünk rájuk reálisan, tehát van választásunk. Vagy fékezhetetlenül szenvedünk, ha körülményeink megváltoznak és szeretteink meghalnak, vagy megtanuljuk elfogadni, hogy minden mulandó, hogy az öregség, a betegségek és a halál az élet természetes velejárói,[31] nem pedig összeesküvés ellenünk. Ekkor felismerhetjük, hogy bármihez, amihez erősen ragaszkodunk csak szenvedéshez vezet a végén. A mulandóság elismerése révén teljesen új életszemléletet alakíthatunk ki, és felkészülhetünk a veszteségre, lehetővé téve számunkra, hogy boldog és békés tudatállapotot tartsunk fenn, bármilyen külső körülményeink is legyenek.

A HÁZASTÁRS HALÁLA

Sok ember számára a férj vagy feleség halála a legpusztítóbb esemény, ami az életében megtörténhet. Bár soha nem voltam házas, azt hiszem, van némi megértésem az ilyen mértékű veszteségről. Fiatalkoromban apámat és bátyámat is elvesztettem, és a tibeti kultúrában az apa és fia vagy két testvér közötti kötelék majdnem olyan erős, mint a férj és feleség közötti kötelék. Ezért szeretnék röviden szólni arról, hogyan tudunk megbirkózni egy ilyen mértékű veszteséggel.

Amikor egy szeretett ember meghal, meg kell próbálnunk távolabbra tekinteni saját korlátozott nézőpontunkból. Bár a közelünkben lévő ember halála és az általa okozott szenvedés hatalmas esemény, minden lény halála elkerülhetetlen része életünk nagyobb tervének. Bár ma a feleségünk halt meg, holnap lehet, hogy a barátunk felesége vagy a szomszédunk gyermeke. Noha a hitetlenség és a sokk állapota kerít hatalmába, amikor szeretett személyünk meghal, ha mélyen elgondolkodunk, megértjük, hogy egykor mindenkit érinteni fog egy hozzá közel álló személy halála.

Általában nagyon szenvedünk azért, mert a körülményeinket más emberekéhez hasonlítjuk, akikről azt gondoljuk, hogy sokkal szerencsésebbek, mint mi. Az egyetlen különbség azonban az időpont, hogy mikor ér bennünket el a szerencsétlenség, semmi más. Ha alaposan átgondoljuk ezt, szomorúságunk mérséklődik, mivel legyőzhetjük természetes ösztönünket, hogy összehasonlítsuk helyzetünket másokéval. Még erősebb megközelítés az együttérzés kialakítása. Ha valóban ráébredünk, hogy mindannyian ugyanazokat a küzdelmeket viseljük el, mivel mindannyian gyászt és veszteséget élünk át életünk egy szakaszában, akkor saját fájdalmunk csökkenni fog, ahogy megtanuljuk ezt ebből a sokkal szélesebb perspektívából szemlélni.

Természetesen egy hozzánk közel álló ember halála jobban érint minket, mint egy idegen halála, és természetes, hogy ilyen erős érzelmeket táplálunk saját családunk iránt. De végső soron emlékeznünk kell arra, hogy a halál minden élőlényt érint, és ha ezt őszintén megszívleljük, akkor az nem lesz olyan meglepő. Egy történet a Buddha életéből illusztrálja ezt:[32]

> Volt egyszer egy fiatal nő, akinek elsőszülött gyermeke megbetegedett, és körülbelül egy éves korában meghalt. A bánattól sújtva olyan orvosságért könyörgött mindenkinek, akivel találkozott, amely visszahozza gyermekét az élők sorába, de azt mondták neki, hogy erre a csodára csak a Buddha képes. Amikor végül találkozott a Buddhával, és elmesélte neki a történetét, Buddha azt mondta neki, hogy vigyen vissza neki egy mustármagot a falu bármely olyan házából, ahol soha nem

volt haláleset. Nemsokára azonban rájött, hogy a Buddha által adott feladat nem teljesíthető. Minden háztartásban volt már halál; nem csak egyszer, hanem némelyeknél számtalanszor. Így végül a fiatal nő utoljára elbúcsúzott gyermekétől, és mustármag nélkül tért vissza a Buddhához. Megtanulta a leckét. Nem csak ő szenvedett a haláltól, mivel mindenkivel megtörténik a halál – ez az élet természetes velejárója.

A reinkarnáció buddhista elképzelése a veszteség és a gyász kezelésében is hasznos lehet, mivel megnyugtat bennünket, a gondolat, hogy nincs teljes halál. Ezzel nem azt akarom mondani, hogy a szeretteink mindig velünk vannak, és vigyáznak ránk, ahogy azt néhány tisztánlátó hangoztatja a televízióban! Ez az elképzelés korlátozott, mivel azt a benyomást kelti, hogy mindig csak ugyanahhoz a családhoz vagy ősökhöz kapcsolódunk, ahelyett, hogy felismernénk az élet hatalmas és folyamatosan változó körforgását, amelynek részei vagyunk.

Azzal, hogy nem létezik teljes halál, arra a gondolatra utalok, hogy minden egyes lény életek végtelen sorozatán megy keresztül. Ahogy a fizikai folytonosság, amit világegyetemnek nevezünk, folyamatos az idők folyamán, ugyanúgy folytatódik minden lény tudatfolyama is. Ahogy a virág sok „inkarnáción" megy keresztül, ahogy elpusztul és magvaiból új virág születik, ugyanúgy beszélhetünk saját tudatfolyamunkról is. Amikor meghalunk, a durva fizikai test és a durva tudat megszűnik létezni. Az ember finom szintű tudata azonban, amely minden jó és rossz cselekedetének lenyomatait tartalmazza, tovább működik. Erről bővebben a következő fejezetben fogok beszélni.

Mindez azt jelenti, hogy a házastársunkkal eltöltött idő nem több, mint néhány pillanat a véget nem érő utazásunkban. Olyanok voltunk, mint az idegenek, akik a kocsmában vagy egy étteremben találkoztak; eltöltöttünk egy kis időt együtt és tanultunk egymástól, de aztán el kell válnunk, ahogy az természetes. Szerettünk tudatának folytatnia kell a következő életet, ugyanúgy, ahogy nekünk is folytatnunk kell a saját életünket.

Időnként találkozom olyan emberekkel, akik évekkel ezelőtt elvesztették szeretteiket, és azóta képtelenek nem gondolni erre a személyre, azon töprengenek, mennyire szerették őt, és mennyire hiányzik nekik. Néha azt gondolják, hogy azzal, hogy ilyen szorosan ragaszkodnak ennek a személynek az emlékéhez, tisztelik a kedvesüket, és bizonyítják, mennyire szerették őt. Ez azonban nem igaz, hiszen azzal, hogy ennyire ragaszkodnak ehhez az emlékhez, saját maguknak ártanak, és ez nem hasznos.

Nem azt mondom, hogy el kell felejtenünk a szeretteinket, hanem azt, hogy inkább emlékezzünk és értékeljük az együtt töltött csodálatos időt, ahelyett, hogy olyan erősen ragaszkodunk emlékeinkhez és megsérülünk. Ha egy szép virág elpusztul a tél beköszöntével, azt természetesnek vesszük. Elég furcsa lenne, ha valaki sírna és szenvedne, mert ezt nem tudta elfogadni. Ha mélyen elgondolkodunk, bármely ember halála is csak az élet természetes velejárója. Mindenki élete véget ér egyszer, és egy napon a mi életünknek is véget kell érnie.

Amikor Új-Zélandon voltam, találkoztam egy hölggyel, akinek a férje éppen akkor halt meg. Ez a nyolcvanegy éves hölgy hosszú évek óta élt házasságban férjével, és nagyon szerette őt. Halála után azonban továbbra is képes volt boldogan élni. Örömmel és hálával tudott beszélni az együtt eltöltött időkről, ugyanakkor felismerte, hogy a férfinak tovább kell lépnie a következő életébe, míg neki még ebben az életben kell élnie. Érdekes módon azt is megemlítette, hogy férje nem sokkal halála előtt meglehetősen nehéz időszakon ment keresztül, de ennek ellenére képes volt megtalálni a békét és a jólét érzését. Talán felesége bátor és elfogadó hozzáállása segített neki ebben.

HANYATLÓ EGÉSZSÉG

A veszteség egy másik fajtája, amelyet sokan tapasztalnak ebben az időben, az egészség elvesztése. Egyesek számára nehéz végignézni, ahogy egészségük megromlik, különösen akkor, ha a múltban nagyra értékelték fiatalságukat és vitalitásukat. De a hanyatló egészségi állapot az élet elkerülhetetlen velejárója. Születésünktől fogva fizikai testünk veszít egészségéből és vitalitásából; buddhista szemszögből pedig fokozatosan arra készülünk, hogy testünket ismét lecseréljük. Gondoljunk egy régi autóra, egy régi televízióra vagy bármilyen anyagi jellegű tárgyra; ha elromlik, eleinte megpróbáljuk megjavítani. Ha annyira elromlik, hogy javíthatatlan, akkor újat kell szereznünk. Hasonlóképpen, amikor a testünk helyrehozhatatlanul tönkremegy, új testre van szükségünk!

Az egészség romlása a hála gyakorlására is emlékeztet bennünket. Hálásak lehetünk, hogy egy gazdag országban élünk, jó egészségügyi létesítményekkel és olyan emberekkel, akiket arra képeztek ki, hogy gondoskodjanak rólunk. Ne feledjük, hogy ezen a világon sok ember hal meg kisebb betegségben vagy fiatalon pusztán azért, mert nincs orvos vagy kórház, ahol segítenének rajtuk. Az én édesapám például negyvenkilenc évesen halt meg bélcsavarodás miatt. Egyetlen orvos volt a falunkban, aki rosszul diagnosztizálta apám állapotát, és csak néhány gyógyszert adott neki, amikor valójában műtétre volt szüksége. Csak sok év múlva tudtam meg, hogy egy kis műtéttel könnyen meg lehetett volna menteni az életét. Néhány évig felháborodottnak és rendkívül csalódottnak éreztem magam, mivel tudtam, hogy apám továbbra is gazdag és tartalmas életet élhetett volna buddhista gyakorlóként.

Hogyan tudtam megbirkózni ezekkel az érzésekkel? Igazából, nem volt más választásom. Rájöttem, nem számít, mennyire vagyok dühös vagy ideges apám halála miatt, mert ez nem hozza vissza őt az életbe. A negatív érzelmeim nem segítenek neki, és végül csak kárt okoznak nekem. Buddhistaként hittem abban is, hogy az én karmám, hogy ilyen fiatalon elveszítem apámat, ugyanúgy, ahogy apám karmája volt akkor meghalni – ez valóban egy másik módja annak, hogy azt mondjuk, el kell fogadnunk az olyan dolgokat, amelyeket nem tudunk megváltoztatni. Azt is fontosnak tartottam, hogy megtegyem, amit tudok, hogy tiszteljem apám emlékét, és mivel mindig is azt kívánta, hogy szerzetes legyek, így cselekedtem. Korábban soha nem érdekelt, hogy szerzetes legyek, így az ő halála adott ihletet, hogy megváltoztassam életem irányát.

A MUNKAHELY ELVESZTÉSE

A munka évei véget érhetnek saját döntésünk által, például amikor nyugdíjba megyünk, vagy mások akaratából, ha elbocsátanak bennünket, vagy ha úgy találjuk, hogy képességeinkre már nincs igény. A legtöbben úgy gondolják, hogy az első lehetőség csodálatos, míg a másodikat kevésbé tartják kellemesnek. Azonban valójában ugyanazt jelentik, és akárhogy is, ugyanazokat a problémákat okozzák az embereknek.

Sokan évekig arról álmodoznak, hogy nyugdíjba vonulnak, majd amikor ez végre bekövetkezik, mélységes hiányérzetet és gyászt éreznek. Hirtelen unatkoznak, nincs mit tenniük. Szerintem ez nagyrészt azért van, mert a modern világban munkánk szorosan összefügg identitásunkkal és önbecsülésünkkel, és sokak számára státuszszimbólum is.

De kérdezzük meg magunktól, hogy ez tényleg olyan fontos? Gondolkodjunk el ezen egy kicsit. Talán attól, hogy nagyfőnökök vagyunk, sok pénzt gyűjtünk és rengeteg ember dolgozik nekünk, jól érezzük magunkat. Ez azonban nem jelenti azt, hogy jó emberek vagyunk; sokkal inkább a hatalom és az önértékelés kellemes érzéséhez való ragaszkodásban gyökerezik! Azáltal, hogy tápláljuk ezeket az érzelmeket, hozzájuk láncoljuk magunkat, és szenvedést okozunk magunknak, amikor megváltoznak a körülményeink, ahogyan ez elkerülhetetlenül meg is történik. Ha nem ragaszkodnánk annyira ezekhez az érzelmekhez, valószínűleg sokkal kevesebb bánat érne minket utunk során.

Az emberek gyakran úgy találják, hogy túl sok szabadidejük van, amikor abbahagyják a munkát. Sokan azonban nem veszik észre, hogy ez a szabadidő értékes lehetőséget adhat önmagunk fejlesztésére, belső természetünk felfedezésére, törekedve az általunk említett jó tulajdonságok fejlesztésére. Az emberek gyakran fiatalon halnak meg, olyan időszakban, amikor sok mindennel próbálkoznak, mint például a karrier kialakítása vagy a gyermeknevelés. Most olyan szerencsések vagyunk, hogy van időnk és lehetőségünk, hogy jobban a belső életünkre összpontosítsunk, anélkül, hogy számos külső dolog elterelné a figyelmünket. Mindig bőven lesz dolgunk minden nap, ha a tudatunkra és a belső fejlődésünkre koncentrálunk.[33] Eleinte jelentős időt és erőfeszítést kell szánnunk erre a feladatra, de hamarosan ez sokkal szórakoztatóbbá válik, mint a televíziózás vagy a bingózás!

Hogyan fejleszthetjük tehát ezeket a belső tulajdonságokat? Mások segítése által sokféleképpen lehet ezt elérni, például nyelv tanítással menekülteknek, ingyenkonyhán való segítéssel vagy telefonos tanácsadóként való önkéntes munkával. Az ilyen jellegű tevékenységekbe való bekapcsolódás megakadályozza, hogy úgy érezzük, túl sok szabadidőnk van, és ha másokon segítünk, egyre több boldogságot fogunk tapasztalni életünkben.

Az aktív, jótékony életet támogathatja a „tudat bölcsességre képzése" iránti rendszeres elkötelezettség is, mivel ez még hatékonyabbá teheti a másokon való segítés képességét. Olvashatunk és elmélkedhetünk a pszichológiáról, a vallásról vagy filozófiáról szóló könyveken, és alkalmazhatjuk a tanult gondolatokat saját életünkben, vagy megvitathatjuk ezeket a gondolatokat másokkal. Ekkor az önzetlen élet örömei mellett felfedezhetjük az éles, bölcs tudat örömét is. Végül, mivel a tudósok ma már úgy vélik, hogy a tudat képzésével még az idősebb emberek is képesek új agysejteket létrehozni,[34] a tanulás vagy a szemlélődés rendszeres gyakorlása hatékony módja lehet az időskori memóriaromlás lelassításának, amely sajnos oly sok idős embert sújt.

Ha attól tartunk, hogy nem vagyunk elég okosak ahhoz, hogy órákat töltsünk könyvek olvasásával, hogy bölcsességünket növeljük, akkor hasznos tudni, hogy nagy különbség van a bölcsesség és az intelligencia között. Egy bölcs ember nem feltétlenül rendelkezik jó végzettséggel vagy fontos munkával; ehelyett csak veleszületett gyakorlati megértéssel rendelkezik arról, hogy mi a fontos az életben, és valószínű, hogy természeténél fogva kedves ember. Tibetben sok történet létezik olyan emberekről, akik rendkívül egyszerű életet éltek, és semmilyen formális oktatásban nem részesültek, de mindig ismertek voltak kedvességükről és bölcsességükről.

Hogyan lehetünk olyanok, mint ezek az emberek? A kulcs az, hogy folyton arra gondoljunk, és azt kívánjuk, hogy mindenki boldog legyen és mentes legyen a szenvedéstől, ugyanúgy, ahogy egy jó anya a legjobbat akarja gyermekének. Ha séta, beszélgetés, alvás, étkezés vagy bármilyen tevékenység végzése közben mindig meleg szívvel gondolunk mindenkire, mint a legkedvesebb gyermekünkre, akkor idővel elfelejtjük saját érdekeinket, és természetesen boldogabbak, bölcsebbek leszünk. Még ha túl fáradtak vagy túl gyengék is vagyunk ahhoz, hogy valóban segítsünk másoknak, a legfontosabb dolog az, hogy megtanítsuk tudatunkat az átgondolt és kedves gondolkodásra. Nincs kétségem afelől, hogy ezután fokozatosan kedvesebbek, bölcsebbek és boldogabbak leszünk.

PÉNZÜGYEK

Ebben a korban a legtöbb ember figyelme természetesen eltávolodik a pénzkeresésről. Ez jót tesz a boldogságunknak! Továbbra is szeretném azonban megemlíteni a pénzt, hiszen ebben a korban még mindig fontos, hogy hogyan használjuk fel pénzünket és vagyonunkat, és sajnos még mindig sok csapda van, amibe beleeshetünk. Az egyik ilyen csapda a fösvénység. Vannak, akik saját magukon kívül senkire nem akarnak pénzt költeni, míg mások annyira fukarok, hogy még saját magukra sem költenek pénzt. Milyen értelmetlen soha semmit sem költeni egy kemény munkával teli élet után!

Ha nagyobb összeget spóroltunk meg, akkor hogyan költsük el? Ekkorra már valószínűleg tapasztalatból tudjuk, hogy a pénz nem biztos, hogy boldoggá tesz minket, bár minden bizonnyal nagy előnyt jelent, ha bölcsen használjuk fel. Mondjuk van 5000 dollárnyi pénzünk. Dönthetünk úgy, hogy egy trópusi szigetre megyünk nyaralni, vagy adományozhatjuk ezt a pénzt egy szegény családnak, és esetleg megmenthetjük valakinek az életét, akinek műtétre van szüksége. Gyakran azért költünk pénzt egy drága nyaralásra vagy egy új autóra, mert változásra vágyunk, elégedetlennek érezzük magunkat vagy unjuk jelenlegi helyzetünket. Ez abban a pillanatban nagyon vonzónak tűnhet, de nem vezet tartós boldogsághoz. Ezzel szemben, ha nagylelkűséggel segítünk egy másik élőlénynek, az azonnali jólét érzése fog eltölteni bennünket, és a jövőbeli boldogság magját is elülteti tudatunkban.

Ez azonban nem jelenti azt, hogy minden pénzünket oda kell adnunk úgy, hogy szinte semmit nem hagyunk magunknak, majd eladósodunk a másoknak vásárolt ajándékok miatt. Egyik barátom arról tájékoztatott, hogy Ausztráliában sokan nagy összegeket költenek karácsonykor ajándékokra családjuknak és barátaiknak, néha sokkal többet, mint amennyit valóban megengedhetnek maguknak. Motivációjuk jó lehet, de ez a fajta kedvesség gyakran nem praktikus, és hiányzik belőle a bölcsesség, különösen akkor, ha megélhetésért küzdenek. Az eladósodás nagymértékben korlátozhatja szabadságunkat, de a szenvedésnek ez a formája általában megelőzhető, ha bölcsen költjük el pénzünket.

Bár fontos, hogy nagylelkűek legyünk és segítsünk másokon, az is fontos, hogy őszinték legyünk a helyzetünkkel kapcsolatban, és próbáljuk meg tisztán látni, mennyit engedhetünk meg magunknak. Fel kell tennünk magunknak a kérdést, hogyan használhatjuk fel vagyonunkat a leghatékonyabban, minden körülményt figyelembe véve. Ezt értem bölcsességen. Ne feledjük azt se, hogy a nagylelkűség nem csupán anyagi ajándékozást jelent. Az időnk ajándéka, a szeretet és törődés, például a karácsonyi főzésben vagy takarításban való segítségnyújtás ugyanolyan fontos, és a körülöttünk lévők is ugyanúgy értékelik.

Magány és Elzárkózás

Sokan aggódnak, sőt félnek attól, hogy az életkor előrehaladtával magányossá válnak. Számos gyakorlatias dolgot tehetünk, hogy elkerüljük a magányt. Ha módunk van rá, kapcsolatba léphetünk a közösségünkben élő emberekkel, akiknek segítségre van szükségük. Elkezdhetünk nyelvet tanítani a menekülteknek, önkénteskedni egy iskolában, vagy megtudhatjuk, hogyan használhatjuk készségeinket és szakértelmünket olyan önkéntes szervezetek támogatására, mint a Vöröskereszt, esetleg a helyi templomunk vagy egyházunk.

Ha fizikailag nem vagyunk jó formában, de a tudatunk erős, akkor a tanulás és a spirituális gyakorlás nagyon hasznos módja lehet az időnk eltöltésének. A hosszú elvonulást végző remeték tanúsága szerint hihetetlenül közel érezhetjük magunkat másokhoz, ha az együttérzésen meditálunk, valamint jó belső figyelmet is kifejleszthetünk. Bár lehet, hogy egyedül vagyunk, ez nem jelenti azt, hogy magányosnak kell éreznünk magunkat.

A közösséghez vagy vallási csoportokhoz való csatlakozás jó módja annak, hogy új embereket ismerjünk meg, és sokukkal barátságba kerülhetünk. Néhányan azonban megnyomhatják érzékeny gombjainkat. Ezt azért említem meg, hogy felvegyem az elzárkózás kérdését, ami szerintem fő oka annak, hogy az emberek gyakran magányosak Nyugaton. A nyugati kultúrában úgy tűnik, hogy sokan nagyra értékelik „személyes terüket" és „személyes szabadságukat", csak olyan emberekkel akarnak kapcsolatba kerülni, akiknek hasonló elképzeléseik vannak és összeillik a személyiségük; ez azonban elkerülhetetlenül akadályokat teremt.

Az első szempont, amit szeretnék leszögezni, hogy egyetlen szokás vagy személyiségtípus sem jobb a másiknál. Ez csak megszokott gondolkodás a részünkről, és meg kell tanulnunk gyakorolni a toleranciát mindenkivel szemben, akár rögtön megkedveljük, akár ellenszenvesnek találjuk. Nagyon gyakori, hogy találkozunk valakivel, és kezdetben erős ellenszenvet érzünk iránta, de aztán idővel megkedveljük és megbecsüljük. Ez nem azt jelenti, hogy a személy megváltoztatta a természetét, hanem azt, hogy a tudatunk megváltoztatta a velük kapcsolatos észlelését.

Egy másik gyakori módja annak, amikor az elzárkózás problémává válik, ha fizikai vagy érzelmi falakat húzunk magunk köré. Ezalatt azt értem, hogy akaratlanul is válaszfalakat teremthetünk azzal, ha erősen ragaszkodunk ahhoz a gondolathoz, hogy bizonyos tér vagy idő csak nekünk jár. Gondolhatjuk például, hogy valaki, aki belép az ajtónkon, vagy ha valaki figyelmeztetés nélkül meglátogat minket, az behatol személyes terünkbe. Mennyire más ez, mint Tibetben! Amikor Tibetben kolostorokban éltem, nem számított, hogy tanulni próbáltam, öltözködni vagy éppen mosakodni, a többi szerzetes gyakran érezte magát otthon a szobámban. Nem éreztem magam bosszúsnak vagy ingerültnek, mivel ez a kultúránk hétköznapi része. Azonban, miután néhány éve nyugaton élek, ha valaki értesítés nélkül meglátogat vagy belép az ajtómon, úgy érzem, ez nem annyira helyénvaló.

Sajnos a személyes térről alkotott elképzelésünk gyakran távolságot teremt az emberek között, és ha távol vagyunk, nagyobb valószínűséggel leszünk magányosak is. Ha teljesen nyitott, személyes határok nélküli környezetben élnénk, könnyen egymás idegeire mennénk. Másrészt viszont, ha elengedjük azt a hozzáállást, hogy „szükségünk van" a személyes térre, az az egymáshoz közeledéshez és toleranciához vezethet. Be kell vallanom, egészen addig nem tudtam, mi az a magány, amíg Nyugatra nem jöttem – azt hittem, a magány egyenlő az unalommal! Most, hogy tisztában vagyok azzal, hogy ez mekkora probléma, különösen fontosnak érzem, hogy segítsünk az embereknek meglátni a személyes terükhöz való kötődés hátrányait.

Szeretném egy személyes példával illusztrálni a toleranciával kapcsolatos pontot. Az egyik kolostorban ahol korábban laktam, volt egy nagyon alacsony vérmérsékletű szerzetes, aki hirtelen vált dühössé, ha más szerzetesek közbeszóltak vagy tréfálkoztak vele. A többi szerzetes ekkor szándékosan újra és újra felbosszantotta őt, mivel olyan könnyű volt feldühíteni. Lehet, hogy ez kegyetlennek hangzik, de idővel a vérmérséklete és önuralma sokkal jobb lett, mert rájött, hogy haragja nem ér semmit, és jobban örült, ha toleranciát gyakorolt másokkal szemben.

A tolerancia nem csak más emberekre hat. Nagyon kevés befolyásunk van arra, hogy mi történik az életünkben, így elkerülhetetlenül sok olyan külső eseménnyel kell szembenéznünk, amelyekkel inkább nem akarunk szembenézni. Ha nem tudunk tolerálni másokat, nehezen fogjuk elérni a békét, mivel ezek az események haraghoz és szorongáshoz vezetnek, és felemésztik jó szándékunkat.

Ehelyett felhasználhatunk minden olyan helyzetet, amely frusztrál minket, és minden olyan személyt, akit bosszantónak találunk, mint lehetőséget a tolerancia gyakorlására. Ezt minden nap megtehetjük, amíg szokássá nem válik. Először ismerkedjünk meg az ilyen cselekvés előnyeivel és a nem cselekvés hátrányaival, majd mintegy szertartásként, ügyeljünk a tolerancia állandó gyakorlására. Szeretetteljesebb kapcsolatok és olyan békés tudat lesz a jutalmunk, mint a felhőtlen kék ég.

HÁLA

A hála egy másik pozitív mentális tulajdonság, amelyet minden nap gyakorolhatunk. Nagyon jó okunk van erre, hiszen ha mások iránt hálát érzünk, magunkat is boldogabbnak érezzük. Ez nem csak egy buddhista hit – pszichológiai tanulmányok is megállapították, hogy a hála hozzájárul az emberi boldogsághoz.[35]

Néha, amikor megemlítem ezt az embereknek, azt válaszolják, hogy túl boldogtalanok ahhoz, hogy hálásak legyenek. Azt mondják, magányosak, kevés a pénzük, vagy nincs jó kapcsolatuk a gyerekeikkel, ezért nincs miért hálásnak lenniük. Ez soha nem igaz, hiszen mindig van valami, amiért hálásak lehetünk, ha képesek vagyunk felismerni. Például amikor Ausztráliába jöttem, először volt telefon a házamban. Milyen csodálatos találmány! Hirtelen a saját otthonomból tudtam beszélni a világ másik felén élő emberekkel. Mennyire hálás voltam annak, aki ezt kitalálta! Most ugyanezt érzem az internettel, a repülőgéppel való repüléssel kapcsolatban, és még a ragasztószalaggal kapcsolatban is, ha valamit a falra kell ragasztanom. Nem is beszélve arról a sok emberről, aki minden nap segít és ételt tesz az asztalomra, és azokról, akik a barátságukkal ajándékoznak meg.

Lehet, hogy egyesek nem fogadják el ezt az érvelést, és azt gondolják magukban: „Még mindig fizetnem kell ezekért a dolgokért, akkor miért kellene hálásnak éreznem magam?" Azonban valakinek mégis meg kellett terveznie és meg kellett építenie a repülőgépet, a telefont és a ragasztószalagot, hogy tudjam használni őket. Ha én lennék a világ leggazdagabb embere, de senki sem találta volna fel a telefont, akkor nem tudnék egy másik kontinensen élőkkel beszélni! Ezenkívül emlékeznünk kell arra, hogy sok olyan dolog van, amiért hálásak lehetünk, amiket pénzért nem lehet megvásárolni, mint például a család és a barátok kedvessége vagy a minket körülvevő világ természetes szépsége.

Ha hálát érzünk a mindennapi életünkben lévő dolgokért, képesek vagyunk boldogságot kifejleszteni magunkban. Ez mentálisan erősebbé tesz bennünket, és lehetővé tesz számunkra, hogy jobban megbirkózzunk az élet számos problémájával, beleértve az öregedést, a veszteséget és végül a halált. Fontos azonban észben tartani, hogy a hálának két oldala van. Csodálatos, ha mindenért és mindenkiért hálásak tudunk lenni; óvakodnunk kell azonban attól, hogy ezekhez a dolgokhoz kötődjünk. Ha ez megtörténik, megpróbálunk ragaszkodni hozzájuk, és elkerülhetetlenül szenvedni fogunk, amikor elveszítjük őket. Nehéz igazán megérteni, hogyan tudjuk értékelni a dolgokat anélkül, hogy ragaszkodnánk hozzájuk, mégis ez egy döntő készség, ha boldog és tartalmas életet akarunk élni.

Ne feledjük, hogy mindennek van jó és rossz oldala, beleértve a telefont, a repülőgépet és a ragasztószalagot is. Lehet, hogy sokba kerül a telefonszámlánk, késhet a járatunk, és nem találjuk a ragasztószalag végét! De ha nem vagyunk hálásak azért, amink van, akkor arra tanítjuk a tudatunkat, hogy negatívan gondolkodjunk, és biztosan elégedetlenek leszünk. Soha nem leszünk igazán boldogok, hiszen lehetetlen, hogy mindig meglegyen minden, amire vágyunk. Lényegében, bár a világ tele van sok szenvedéssel, sok csoda is van. A hála művelése nem azt jelenti, hogy rózsaszínű szemüvegen keresztül lássuk a világot, hanem azt, hogy megtanuljuk értékelni ezt a sok csodát olyannak, amilyen.

GYAKORLAT — ELMÉLKEDÉS AZ ÁLLANDÓTLANSÁGON

Emlékezz néhány veszteségre és változásra, amelyeknek tanúja voltál eddigi életed során, és gondold át a következő gondolatokat:

- *Bármi is születik, megöregszik és meghal.*
- *Ami összegyűlt, az szétszóródik.*
- *Ami felhalmozódott, az elfogy.*
- *Ami felépült, az össze fog omlani.*

Ugyanígy a barátság és az ellenségeskedés, a szerencse és a bánat, mindazok a gondolatok, amelyek a fejünkben járnak – mindig minden változik.

Emlékeztesd magad arra, hogy a mulandóság egyszerűen az élet valóságának igazsága, és ezért az egyetlen dolog, amivel igazán rendelkezünk, az a most, a jelen.

Hogyan segíthet ez a megértés megbirkózni egy szeretett személy elvesztésével?

Hogyan változtathatod meg a nézőpontod a különböző típusú veszteségekkel kapcsolatban, amelyekkel szembesülsz – a szeretteid elvesztésével, egy munkahely elvesztésével vagy bármivel, ami kedves számodra?

Az is segíthet, ha észben tartod, hogy a változások nem feltétlenül vezetnek szerencsétlenséghez – néha nagy hasznot hoznak, még akkor is, ha ez elsőre nem nyilvánvaló.

Mindezekre a kérdésekre gondolva ülj egyenes háttal, érezd, hogy tested ellazul, és vegyél néhány nagy, gyengéd lélegzetet. Milyen tanulságokat tartogat számodra a mulandóság igazsága?

NYOLCADIK FEJEZET

Felkészülés az Életből való Távozásra

A hatodik életszakasz az utolsó és leglényegesebb lehetőség az önmegvalósításra. Ebben a fejezetben közvetlenül a spiritualitásról fogok beszélni, mert ebben a korban a spirituális gyakorlat sokkal fontosabb a legtöbb ember számára, mint valaha. Nem számít, mi történt a múltunkban. Nincs értelme sajnálkoznunk azon, ahogyan eddig a pontig éltük az életünket – emlékeznünk kell arra, hogy még mindig van lehetőségünk és képességünk arra, hogy dolgozzunk a tudatunkon és elérjük a boldogságot. A legfontosabb, hogy ebben az életszakaszban kivétel nélkül mindenkinek lehetősége van felkészülni a békés halálra, és ezt a sorsdöntő időszakot önmegvalósítási lehetőségként használni.

Mivel a képzésem a buddhizmusból fakad, leginkább buddhista szemszögből fogok beszélni. A nyugati kultúrában azonban van két másik fő szempont, amelyek sok tekintetben egyformán érvényesek: a teista nézőpont, amely főleg a keresztény, a zsidó és az iszlám hagyományokból származik, és a világi nézőpont, amely felöleli a tudományt és általában ateista vagy agnosztikus szemlélet.

Teista szempontból a szeretet és az együttérzés tulajdonságainak ápolásával készülhetünk fel a halálra, így „közelebb kerülhetünk Istenhez". Arra is biztatnak, hogy tegyünk őszinte, szívből jövő vallomást negatív cselekedeteinkről, tudva, hogy soha nem késő bocsánatot kérni, és ha őszinték vagyunk, megtaláljuk az igazi békét. A nehézségeket és a szenvedést „Isten akarataként" fogadhatjuk el, és ez lehetővé teszi számunkra, hogy megtaláljuk a belső béke, nyugalom és magabiztosság állapotát. Van egy olyan értelmezés is, hogy a jó ember jócselekedetei és hite eredményeként a mennybe kerül.

Világi szempontból sok olyan ember van, akinek nincsenek különösebb elvárásai a halál utáni élettel kapcsolatban. Ez nagyon hasznos hozzáállás lehet, mivel megakadályozhat bennünket abban, hogy olyan elképzelésekhez és koncepciókhoz ragaszkodjunk, amelyek esetleg nem bizonyulnak hasznosnak, és amelyek kevesebb félelemhez és több belső megnyugváshoz vezetnek. Bármilyen meggyőződésünk is legyen, élettapasztalataink során felfedezzük majd, hogy a kedvesség, az együttérzés és a jószívűség olyan alapvető tulajdonságok, amelyek életünk minden területét táplálják. A negatív attitűdök viszont csak kárt okoznak magunknak és másoknak. Ezért van értelme ezekre a pozitív tulajdonságokra összpontosítani, amikor közel állunk a halálhoz, és mindent megtenni, hogy elengedjük az összes negatívumunkat. Azok számára, akiknek erős a meggyőződése, hogy halálunk után már nem létezünk, bizonyos szempontból ez is hasznos hozzáállás lehet, hiszen segíthet felismerni, milyen hihetetlenül értékes ez az élet, és arra ösztönöz bennünket, hogy a legtöbbet hozzuk ki belőle.

Most néhány buddhista fogalomról fogok beszélni, amelyekről úgy érzem, hogy mindenki számára hasznosak lehetnek, vallási vagy kulturális háttértől függetlenül. Remélem, az olvasó látni fogja, hogyan kapcsolódnak ezek az alapelvek a saját hitrendszerünkhöz, majd alkalmazni tudja őket a saját életében.

KARMA

A dolgok jönnek-mennek.
— Hagyományos közmondás —

~

Gondolatainkkal teremtjük a világot.

— Buddha —

~

Ki mint vet, úgy arat.

— Jézus Krisztus —

~

A legtöbb ember — buddhista és nem buddhista egyaránt — már ismeri a karma fogalmát. Azonban annak érdekében, hogy egyértelműen megértsük, szeretnék néhány hasonlatot alkalmazni.

Képzeljük csak el, hogy van egy kádunk, amely tiszta vízzel van megtöltve, majd szennyeződést vagy valamilyen színező festéket teszünk bele. A víz zavarossá válik. Ugyanígy a tudatunk is olyan, mint az a tiszta víz, és minden cselekedetünk vagy gondolatunk bevésődik tudatfolyamunkba. Meg kell értenünk, hogy bármit is gondolunk, mondunk vagy teszünk, az a tudaton múlik, mivel cselekedeteink a tudattal kezdődnek és a tudattal fejeződnek be. A tudat tehát olyan, mint a király, a test és a beszéd pedig olyan, mint a szolgái, akik végrehajtják, amit a tudat utasít. Így bármit is teszünk, bevésődik a tudatunkba. A buddhizmus szerint a tudat és a beszéd a fizikai testtől függ, ezért átmeneti és elpusztítható, míg a finom tudat nem függ a fizikai anyagtól, ezért halálunk után is fennmarad. Emiatt az élet körforgásának folytonosságáról beszélünk, amelynek során a tudatban lévő lenyomatok egyik életről a másikra folytatódnak.

Egy másik hasonlat a bank. Amikor kemény munkával pénzt keresünk, ezt betesszük egy bankba, majd később, amikor fel kell használnunk ezt a pénzt, ott vár ránk. Hasonlóképpen, ha pozitív gondolatunk van, vagy pozitív cselekvést hajtunk végre, érdemeket gyűjtünk a jövőnk érdekében; ha azonban negatívan gondolkodunk vagy cselekszünk, levonjuk ezt az érdemet, és ha jelentős összeget veszünk el, végül vissza kell fizetnünk az adósságot.

A karma alapvető fogalom a buddhizmusban,[36] és még ha nincsenek is spirituális meggyőződéseink, akkor is érvényes ránk. Ha valami rosszindulatú vagy meggondolatlan dolgot teszünk egy személlyel szemben, annak két kellemetlen következménye lesz. Először is, az illető nem szeret minket, másodszor pedig megbánjuk. Lehet, hogy eleinte ezt nem vesszük észre, de mélyen mindig lesz némi sajnálkozás a szívünkben, ami végül a felszínre tör. Másrészt, amint azt a pszichológiai tanulmányok is mutatják, ha kedvesek vagyunk valakihez, boldogabbnak érezzük magunkat, és a másik is nagyobb valószínűséggel lesz kedves cserébe velünk.[37] Az egyetlen valódi különbség ezen egyszerű tények között és aközött amiben a buddhisták hisznek, az az elképzelés, hogy az ebben az életben felhalmozott karmát a következő életünkbe tovább visszük.

Hogyan alakítja jövőbeli életünket a karmánk? Ha mindig nagyon nagylelkűek vagyunk, először is észrevesszük, hogy a körülöttünk lévő emberek nagylelkűek velünk szemben is. Még azt is észrevehetjük, hogy sok olyan ember, akivel soha nem találkoztunk, szintén nagylelkű velünk, így az anyagi és egyéb sikerek könnyen elérhetőek. A legtöbben valószínűleg szerencsének neveznék ezt, de a buddhisták azt mondják, hogy ezek a kedvező külső feltételek valójában az ebben az életben vagy az előző életekben végzett korábbi jó cselekedeteink vagy karmáink eredménye. Másrészt, ha jelenleg rosszak a külső körülmények, az a rossz karma miatt van, amit ledolgozunk. Ez azon az elgondoláson alapul, hogy minden egymástól függ, ezért semmi sem véletlenszerű, még az sem, amit általában jó vagy rossz „szerencsének" gondolunk.

Ezért ne érezzük magunkat elkeseredettnek, ha rosszak a körülmények, és ne érezzük magunkat büszkének, ha szerencsések vagyunk. Az a személy, aki „jó életet" él, valójában jó karmát használ fel karmabankjából, míg a nehézségeket átélő személy a rossz karmát használja fel vagy „tisztítja" meg. Mindkettőjüknek azonban megvan a lehetősége arra, hogy jó cselekedetekkel jó feltételeket teremtsen magának jelenlegi és jövőbeli életében.

SZENVEDÉS ÉS MEGTISZTULÁS

A szenvedés a buddhisták számára szorosan összefügg a karmával. Buddha kijelentette, hogy az élet első igazsága a szenvedés, hogy ha élünk, akkor szenvedünk.[38] Ezt már látjuk az életünkben, mert a dolgok elkerülhetetlenül rosszra fordulnak — szívfájdalmat tapasztalunk, és elveszítjük azokat az embereket és dolgokat, akikkel és amikkel törődünk. Ha nem tudjuk elkerülni a szenvedést okozó külső eseményeket, akkor mit tehetünk, hogy legyőzzük azt? A válasz az, hogy meg kell értenünk, hogy a szenvedés kiváltó okai korábbi negatív érzelmeinkben és negatív cselekedeteinkben keresendők. Azáltal, hogy tudatában vagyunk ennek az igazságnak, megtanulhatjuk az egészséges tudatállapotok létrehozását, és megtanulhatjuk megfigyelni, elfogadni és elengedni a tudatunkban motoszkáló gondolatokat és érzelmeket, ahelyett, hogy erősen ragaszkodnánk hozzájuk. Ezzel a folyamattal csökkenthetjük jelenlegi szenvedésünk szintjét, majd fokozatosan, lépésről lépésre teljesen meg is szüntethetjük a szenvedést.

Az első dolog, amit meg kell értenünk, hogy a szenvedést mi magunk teremtjük, a saját tudatunk és senki más. A külső körülmények, amelyekről azt gondoljuk, hogy szenvedést okoznak, valójában másodlagos feltételek, és ezek a karma következményei. Ez nem azt jelenti, hogy magunkat kellene hibáztatnunk külső körülményeinkért – a hibáztatás nem fontos és nem hasznos. Inkább meg kell értenünk külső körülményeink okait, majd foglalkoznunk kell velük.

Tehát ha a jelenlegi és a jövőbeli szenvedés a negatív karma következménye, mit tehetünk ellene? Arra vagyunk ítélve, hogy megéljük múltbeli tetteink következményeit, vagy tudunk változtatni ezen a helyzeten?

Szerencsére lehetséges megtisztítani múltbeli karmánkat, amíg őszintén gondoljuk ezt. Ezzel megelőzhetjük a jövőbeli szenvedést, és csökkenthetjük a haldoklás során tapasztalt szenvedésünket. Ha valami piszkos annak mosásához szappanra és vízre van szükségünk. Amikor lemossuk a negatív karmát, négy feltételre van szükségünk:

1. Megbánás

Szívből el kell fogadnunk minden konfliktust vagy problémát, amely egész életünkben nyugtalanít minket, valamint meg kell bánnunk azokat a hibákat, amelyeket elkövettünk. Ez magában foglalja mindazt, amire nem emlékszünk ebből az életből, és talán az előző életekből. Az a képesség azonban, hogy mindenre emlékezzünk, nem olyan fontos, mint az általunk érzett érzés ereje és valódisága. Gondolhatunk erre: „Itt vagyok, ez vagyok én, nincs mit rejtegetnem. Teljesen elfogadom magam és őszintén elismerem minden hibámat." Ne feledjük, hogy ne keverjük össze a megbánást a bűntudattal vagy az egészségtelen szégyenérzettel, mivel az elképzelés az, hogy nyíltan kinyilvánítsuk negatív hajlamainkat, anélkül, hogy kritikusak lennénk önmagunkkal. Engedélyt adunk magunknak, hogy elfogadjuk emberi lényünk minden részét, majd elengedjünk mindent, ami lehúz minket.

2. Ellenszer alkalmazása

Ez azt jelenti, hogy elszántan törekednünk kell a jó cselekedetek végzésére és az egészséges tudatállapotok ápolására, mivel ez a megtisztulási folyamat része. Keltsük fel az együttérzést mások iránt, és kérjünk bocsánatot bármilyen módon, ami számunkra értelmes, kérjük vagy imádkozzunk segítségért, hogy lemossuk a negatív karmánkat. Sokan hasznosnak találják, ha egy „magasabb hatalomnak" adják át magukat, legyen szó Istenről, a Buddháról vagy az emberi jóság erejéről. Ha ebből a perspektívából nézzük a dolgokat, rájöhetünk, hogy képesek vagyunk megbocsátani azoknak, akikre haragszunk, nyíltan beszélhetünk azokkal, akik eltávolodtak tőlünk, vagy akár megoldhatjuk a régóta fennálló konfliktusokat.

Ennek a gyakorlatnak a legfontosabb eredménye azonban saját tudatállapotunk átalakulása.

3. Elhatározás

Ez azt jelenti, hogy őszintén el kell határoznunk, hogy nem ismételjük meg ugyanazokat a cselekedeteket vagy szokásokat, amelyek miatt negatív karmát alakítottunk ki, vagy érzelmi konfliktust éltünk át. Ennek fontosságát nem lehet túlbecsülni. Az elhatározásunknak olyan erősnek kell lennie, hogy még az életünk árán is megtagadjuk azt a negatív cselekedetet, vagy gondolkodást. Azt mondják, hogy egy erős és őszinte elhatározás elég erős lehet ahhoz, hogy sok élet negatív karmáját megtisztítsa. Ez nem attól függ, hogy mennyi időt gondolunk erre, hanem inkább elkötelezettségünk valódiságától és erősségétől függ.

4. Intenzitás

Végül nagyfokú összpontosítással kell rendelkeznünk, erősen gondolnunk kell minden negatív cselekedetre, amelyet valaha is elkövettünk, és valóban beismerni mindazokat a dolgokat, amelyeken változtatni szeretnénk. Buzgón imádkozhatunk, hogy mindezek megtisztuljanak. A buddhizmusban több ezer formális ima létezik, és sok van a kereszténységben és más vallásokban is, de ha nem ismerünk imákat, mondhatunk bármit, ami a szívünkből fakad. Teljesen mindegy, hogy mit mondunk, feltéve, hogy az hiteles és őszinte. Akkor nagyon erős lehet.

A haldoklás során átélt szenvedés nagy lehet. Az ember tudati szenvedése azonban gyakran sokkal nagyobb, mint a fizikai szenvedése. Ha megtanuljuk, hogyan kell megtisztítani a negatív karmát, a tudati szenvedés élménye jelentősen csökkenthető. Még a fizikai szenvedés is, bár azon továbbra is átesünk, közel sem fog annyira megterhelni minket, mint korábban. Még mindig tapasztaljuk a szenvedést, de ez nem fog úrrá lenni rajtunk.

A nyugati pszichológia azonosította azokat a különböző stádiumokat, amelyeken keresztül megyünk, miután megtudjuk, hogy végzetes betegségünk van, vagy akármilyen váratlan rossz hírrel szembesülünk.[39] Ezek közé tartozik: annak tagadása, hogy bármi baj van, harag vagy csalódottság, hogy a dolgok nem elvárásaink szerint alakulnak, majd depresszió és az önbizalom elvesztése, amikor azt látjuk, hogy nem tudjuk a dolgokat befolyásolni. Végül, bár nem minden ember jut el ebbe a szakaszba, elérhetjük a békés és őszinte elfogadás állapotát, megtanuljuk elengedni a küzdelmeket, amelyeken keresztül mentünk, és a mélység és bölcsesség megújult érzésével szemlélni az életet. Ha megértjük a szenvedés igazságát, és elszántan dolgozunk karmánk megtisztításán, sokkal hamarabb eljuthatunk a béke és az elfogadás eme szakaszába.

Végezetül pedig, ha betegek és fáradtak vagyunk, fontos elfogadnunk az ezzel járó szenvedést, ahelyett, hogy megpróbálnánk küzdeni ellene, vagy arra kényszerítenénk magunkat, hogy kapcsolatba lépjünk a külvilággal. A szenvedés elfogadása megszabadít bennünket a bűntudattól is, amiért nem tudunk tovább eleget tenni korábbi kötelezettségeinknek és felelősségvállalásainknak, amely csak növeli az átélt szenvedések szükségtelen fájdalmát. A modern kultúra annyira az előrejutásra és az elfoglaltságra összpontosít, hogy gyakran nehéz igazán megengedni magunknak, hogy hallgassunk a testünkre és pihenjünk, amikor szükségünk van rá. Ez igaz az élet bármely szakaszában, de különösen az életünk vége felé, amikor sokunk először kénytelen „lelassítani".

Együttérzés

Ha valaki boldogtalan és problémái vannak, rendszerint azt javaslom, hogy gyakoroljon együttérzést. Erre válaszolhatnak úgy, hogy: „Magam is olyan boldogtalan vagyok, hogyan tudnék együttérzést érezni mások iránt?" Ez a gondolkodásmód azt sugallja, hogy az együttérzés egyenlő a mások iránti részvéttel vagy sajnálattal, és többet fogunk szenvedni, ha magunkra vesszük terheiket. A szenvedés azonban általában akkor következik be, amikor figyelmen kívül hagyjuk mások érzéseit, és elragad minket saját büszkeségünk és hiúságunk. Ezért a mások iránti valódi együttérzés nagyon hatékony módja lehet saját szenvedésünk csökkentésének.

Bár hihetetlenül hasznos lehet az együttérzés gyakorlása, sok embernek korlátozott elképzelése van arról, hogy valójában mi is az együttérzés, mert azt gondolják, hogy ez azt jelenti, hogy sajnálunk másokat, miközben kellemetlen érzésünk van. A logikus következtetés a következő lehet: „A másik ember iránti együttérzés szenvedést okoz, ezért nem szabad mások szenvedésére gondolnom". Ez egy nagyon korlátozott gondolkodásmód, mivel az őszinte együttérzés mindig együtt jár a bölcsességgel, és ezért soha nem okoz szenvedést vagy gyengeséget. Miért van ez így? Az őszinte együttérzés azt jelenti, hogy megértjük a szenvedés okait, és azt, hogy minden élőlény, magunkat is beleértve, képes legyőzni a szenvedést. Ha így mentálisan magunkra vesszük mások szenvedését, akkor erős és bátor tudatot fejleszthetünk ki, amely megvéd minket a szenvedéstől!

Hadd mondjak egy példát arra, hogyan kombinálhatjuk az együttérzést a bölcsességgel. Ha valaki lelő egy embert vagy ellopja a vagyonát, akkor általában könnyen érzünk részvétet az iránt, aki a pénzét vagy akár az életét vesztette el, és haragszunk a bűncselekmény elkövetőjére, de az együttérzést a bölcsességgel ötvözve, rájövünk, hogy mindkettejük iránt érezhetünk együttérzést. Először is, aki a pénzét veszítette el, sok tényezőtől szenved, beleértve a korábbi negatív karmáját, míg aki elkövette a bűncselekményt, a gyötrő érzelmek uralma alatt cselekedett, és így tettének következményeként a jövőben újabb szenvedést okoz magának (amely a következő életekben még fokozódhat is). Ezen az alapon az együttérzés egyformán kiterjeszthető minden élőlényre, barátokra és ellenségekre egyaránt.

Ez a fajta együttérzés nemcsak mások szenvedésének megértésére törekszik, hanem cselekvésre is késztet szenvedésük enyhítése érdekében. Csodálatos, ha abban a helyzetben vagyunk, hogy segítsünk másokon, de még ha nem is tudunk segíteni, emlékeznünk kell arra, hogy az együttérzés mindenképpen segíteni fog nekünk. Mások szenvedésének megértése saját szenvedésünk csökkentését jelenti, mivel rájövünk, hogy mindannyian hasonló küzdelmeken megyünk keresztül, és nincs értelme többé a saját problémáinkra összpontosítani. Mint a hullámok, amelyek szétterülnek, amikor egy követ beledobunk a tóba, az együttérző hozzáállás is segíthet azoknak, akikkel kapcsolatba kerülünk, például barátokkal és családtagokkal. Ez egy katalizátor lehet a béke megteremtésében önmagunk és mások között, valamint azokkal, akik látják a példánkat. Ki tudja, meddig terjednek együttérzésünk hullámai?

A HALÁLTÓL VALÓ FÉLELEM LEKÜZDÉSE

A haldoklás olyan, mint amikor ruhát váltunk
— Őszentsége, a Dalai Láma —

∽

Általában az emberek hajlamosak nem gondolni a halálra, de előbb-utóbb fel kell ismernünk, hogy a halál elkerülhetetlen. Ezért ahogy öregszünk talán egyre jobban félünk a haláltól, és ez a félelem nagymértékben három fő tényezőn alapul. Először is a szeretteink és a javaink elvesztésétől való félelem, valamint a megsemmisüléstől való félelem. Aztán ott van a halál fizikai fájdalmától való félelem. Végül pedig szembe kell néznünk azzal a félelemmel, hogy szembesülnünk kell az esetlegesen elkövetett vétkeink következményeivel, amelyeket gyakran mélységes megbánás kísér. Mindezek a félelmek azonban leküzdhetők, ha tudjuk, hogyan.

Buddhista szempontból a ragaszkodás a szenvedés forrása, ezért el kell hagyni. Ha ragaszkodunk szeretteinkhez, az elvesztésüktől való félelem jelentős szorongást okozhat nekünk. Ennek a félelemnek az enyhítésére nagyon hasznos, ha mindenkire, akivel kapcsolatban állunk ebben az életben, még a hozzánk legközelebb állókra is úgy gondolunk, mintha olyanok lennének, mint az emberek, akik mellett elhaladunk az utcán, vagy az álomban megjelenő alakok. A dolgok nagyobb rendszerében ők egyszerűen csak futó ismerősök.

Ez azonban nem jelenti azt, hogy soha többé nem találkozunk szeretteinkkel. Valójában, ha elengedjük ragaszkodásunkat, ténylegesen nagyobb az esélye annak, hogy egy kedvező helyzetben újra találkozunk velük. Ez azért van így, mert a velük folytatott, kedvességen és nagylelkűségen alapuló pozitív interakciók biztosan újra összehoznak bennünket, ha megfelelőek a feltételek. Bár minden kedvesünktől el kell búcsúznunk, valójában nagyon várhatjuk a halált, ha úgy tekintünk rá, mint egy új kezdetre, amely felfedezésre vár, és képesek vagyunk csökkenteni a régi életünkhöz való ragaszkodásunkat.

Lehetséges, hogy mélyen belül félünk a fizikai fájdalomtól. Erre válaszolva segíthet, ha tudatában vagyunk annak, hogy nem mindenki él át fájdalmas halált. Sok ember valójában fájdalommentesen és igazán békés tudattal hal meg. Ha azonban fájdalmat tapasztalunk, akkor hasznos, ha erős tudatot és olyan attitűdöt alakítunk ki, amely bátran elfogadja a fájdalmat, ahelyett, hogy félelemmel vagy ellenérzéssel szemlélnénk. Ennél is fontosabb, hogy tisztában kell lennünk azzal, hogy az átélt fájdalom hatalmas mennyiségű negatív karma megtisztításának módja lehet, különösen, ha képesek vagyunk megőrizni az erényes tudatállapotot. Amikor betegek vagyunk, a fájdalom átélése gyakran annak a jele, hogy a testünk gyógyul. Hasznos, ha így gondolkodunk, amikor testünk az új születés felé való átmeneten megy keresztül.

Másodszor, kulcsfontosságú, hogy a tudatot ne csak a fájdalom vagy annak megragadása foglalja le. Még ha tapasztaljuk is, de hogy mennyire tudunk jól megbirkózni vele, az attól függ, hogy mennyire tudjuk elengedni a fájdalomérzetre adott reakciót, amely néha elsöprő lehet. Ezért hasznos, ha megtanuljuk, hogyan tudjuk csak „nézni" a fájdalmat, vagy hagyni, hogy a háttérbe szoruljon, vagy csak egy érzésnek tekinteni, feltöltve tudatunkat olyan erős, erényes gondolatokkal, mint például az isteni ihlet vagy bármi, ami a legmélyebb igazságunkat képviseli.

Ahhoz, hogy megbirkózzunk a megbánás érzésével, először is meg kell értenünk, hogy jó érzés megbánni minden rossz cselekedetünket, amit elkövettünk. Emlékeznünk kell arra, hogy minden negatív cselekedet és annak eredménye csak átmeneti, ezért nem határozhatja meg, hogy kik vagyunk. Ehelyett valódi természetünk alapvetően tiszta és a gyötrő érzelmektől nem szennyezett, akárcsak a felhőktől mentes tiszta égbolt. Minél nagyobb az őszinte megbánásunk minden helytelen cselekedetünket tekintve, annál nagyobb az erőnk, hogy megtisztítsuk magunkat a korábban említett négy feltétel – a megbánás, az ellenszer, az elhatározás és az intenzitás – alkalmazásával. Ne feledjük, hogy az őszinte megbánás nem azt jelenti, hogy bűntudatot érzünk, és semmit sem teszünk. Ehelyett arra kell ösztönöznie bennünket, hogy valóban elfogadjuk, azt akik vagyunk és ami történt az életünk során, majd mindent megtenni, hogy megszabaduljunk az egészségtelen tudatállapotoktól, és egészséges szellemi tulajdonságokat fejlesszünk ki.

Az is nagyon hasznos lehet, ha megértjük, mi történik, amikor meghalunk. Ennek a tudásnak nagy része a tibeti buddhizmus tantrikus gyakorlataiból ered, amelyek révén a nagy gyakorlók arra képezték magukat, hogy még életükben tudatosan áthaladjanak a halál tapasztalásain. Nagyon szerencsések vagyunk, hogy az ilyen ismeretek ma már széles körben elérhetőek, hiszen segíthetnek abban, hogy pontosan tudjuk, mire számíthatunk a haldoklás során, és segíthet leküzdeni a megsemmisüléstől való félelmet is.

A halál valójában egy olyan folyamat, amelyet minden nap megtapasztalunk, amikor elalszunk. Amikor elalszunk, a durva tudat, amely hétköznapi gondolatainkból és érzelmeinkből áll, feloldódik a finom tudatban, és ilyenkor olyan érzéseket tapasztalhatunk meg, mint a boldogság és a tisztaság. Amikor meghalunk, a finom tudat még finomabbá válik, és a fizikai test energiái egyenként feloldódnak a négy elemben: a föld, a víz, a tűz és a szél elemben. Ez az oka annak, hogy amikor meghalunk, először rendkívül nehéznek érezzük magunkat, mintha megfulladnánk, ahogy a föld elem fokozatosan feloldódik a víz elemben. Ezt követően rendkívül kiszáradtnak érezzük magunkat, mivel a víz elem feloldódik, majd a tűz elem feloldásával lehűl a testünk. Végül nehezen mozdulunk, és fokozatosan leáll a légzésünk, ahogy a szél elem feloldódik.

Ennek a feloldódási folyamatnak számos további részlete is van,[40] és ezek megtalálhatók az e témának szentelt könyvekben. Fontos azonban tudni, hogy a folyamat nem fejeződik be, amikor a légzés megszűnik. Bár a légzés és a szívverés megszűnik, és az embert általában halottnak tekintik, a haldoklás mentális folyamatai folytatódnak, ezért nem tanácsos egy ideig mozgatni a testet, vagy zajjal megzavarni a folyamatot. Az ilyen megszakítások ténylegesen megzavarhatják a haldokló finom tudatát, miközben a feloldódás utolsó fázisai zajlanak, és bizonyos szakaszokban akár szellemi nyugtalansághoz is vezethetnek.

Tibetben számos olyan spirituális gyakorló esete létezik, akik teljes uralomra tettek szert a haldoklási folyamat során, a testük gyakran még meleg, különösen a szívközpont felett, sok nappal a légzés megszűnése után is. Hogy egy példát említsek, saját tanítóm, Láma Lobszang Trinlé és spirituális testvére, Láma Rinpal mindketten meg tudták mondani haláluk idejét, és mély, meditatív elmélyülésben, betegség nélkül távoztak el. A nagyszerű 16. Karmapa végső betegsége során mindig örömteli volt, és sok nappal halála után szíve még mindig melegnek bizonyult,[41] ami zavarba ejtette a nyugati orvosokat és tudósokat. Ez azt mutatja, hogy még jóval azután is létezhet kapcsolat a tudat és a test között, amikor általában azt gondoljuk egy személyről, hogy „meghalt".

A legtöbb ember számára azonban, miközben elszakadunk jelenlegi testünktől, finom tudatunk lassan ismét durva lesz, és egy új újjászületés felé hajt minket. Ezt a „bardo tanítások" fejtik ki. A bardo kifejezés egy köztes állapotot vagy folyamatot ír le az egyik élet és a következő között. Ebben az állapotban tudatos tudatosságunk újra felmerül azzal a képességgel, hogy újra érzékeljük, érezzük és felismerjük a dolgokat, de a fizikai test támogatása nélkül. Egy átmeneti időszak után, amely körülbelül hét hétig tart, ez a tudatos tudatosság általában ismét újjászületik egy új testben.[42]

Mindannyian békés halált kívánunk, de ez attól függ, hogyan éltük az életünket. Fontos, hogy békés életet éljünk, és elszántan törekedjünk olyan jó szellemi tulajdonságok kifejlesztésére, mint a szerető kedvesség, együttérzés, megbocsátás és tolerancia. A halálhoz közeledve rendkívül fontos, hogy ezeknek a tulajdonságoknak a fejlesztésére összpontosítsunk, hiszen ez egy nagyon erős időszak, és nagyszerű lehetőségünk van arra, hogy biztosítsuk magunknak a békés halált és a kedvező újjászületést.

GYAKORLATOK A HALÁL PILLANATÁRA

Két fontos spirituális gyakorlatot végezhetünk, amelyek segítenek elérni a békés halált. Az első egy kiterjedtebb tisztítási gyakorlat, amelyet akár a halál előtt, akár a halál pillanatában végezhetünk, ha van hozzá energiánk. A második gyakorlat egy nagyon különleges és praktikus módszer, amely segít elérni az újjászületést egy tiszta birodalomban vagy a mennyben. Egy ilyen birodalom a megvilágosodott lények tulajdonságait tükrözi, és mentes a szenvedéstől, mivel nincs esély a gyötrő mentális állapotok kialakulására, és az ott lakó lények spontán módon egészséges tudatállapottal és isteni érzékeléssel rendelkeznek.

Mindkét gyakorlat azonban azon a képességünkön múlik, hogy képesek vagyunk -e nyugodt és ellazult tudatot kialakítani. Ezért döntő fontosságú, hogy először megtanuljuk a meditációs gyakorlat alapjait. Így most rövid áttekintést adok arról, hogyan kell meditálni, mielőtt leírom ezeket a fontos gyakorlatokat.

Megtanulni Meditálni

Sajnos a tudatunk általában annyira szétszórt, hogy nehéz egy tárgyra összpontosítani anélkül, hogy elveszítenénk az összpontositásunkat. Ezért kulcsfontosságú, hogy megtanuljunk egy módszert vagy rutint, amellyel tudatosan ellazult, nyugodt és éber állapotba hozhatjuk a tudatot és a testet.[43] Ez a helyes meditációs testhelyzetek ismeretével kezdődik.

A Négy Meditációs Testhelyzet

Lehet meditálni ülve, fekve, sétálva vagy állva – és ezek a testhelyzetek mindegyike használható formálisan vagy informálisan.

Üléshez használjunk kényelmes, egyenes támlájú, párnázott széket vagy meditációs zsámolyt, párnát. A kezek az ölben vagy a combon fekszenek egymás mellett, míg a hátat egyenesen tartjuk, az állat enyhén behúzva. Az állkapocs, a nyelv, a vállak és a has ellazulnak, a szemek csukva vagy félig nyitva vannak, és finoman néznek lefelé. Ha a nyelvet a felső fogak mögé helyezzük, éberebbé tehetjük a tudatot, míg az alsó fogak mögött tartva ellazultabb és nyugodtabb állapotot érhetünk el.

Fekvésnél vagy hanyatt fekszünk úgy, hogy a karjainkat oldalt tarjuk, és a kezek nyitottak, vagy a jobb oldalunkra fekszünk, jobb kéz az arcunk alatt, a lábak enyhén behajlított térdekkel és a bal karunk a testünk bal oldalán pihen. Járáskor és álláskor tartsuk a karunkat a test jobb és bal oldalán, hagyjuk, hogy természetes módon lógjanak, és ügyeljünk arra, hogy egyenes, de laza legyen a testtartásunk.

Az Alapvető Meditációs Módszer

Minden típusú meditáció ugyanazt az alap módszert követi, és ez a test tudatos ellazításával kezdődik. Ennek jó módja, ha meditáció előtt végzünk néhány gyengéd „lazító gyakorlatot", például a különböző testrészek rázását vagy masszírozását, vagy könnyű jóga nyújtásokat. Ezután tudatosan el kell dobnunk a múlt és a jövő minden aggodalmát, majd el kell határoznunk, hogy meditáció közben olyan valakivé válunk, akinek "nincs története". Ezután összpontosítsuk tudatunkat a jelen pillanat tudatosítására, beleértve a lélegzetet, a testünk fizikai jelenlétét, a testünkben lévő érzéseket, a körülöttünk lévő hangokat és a tudatunk állapotát, figyeljük meg, hogyan merülnek fel és múlnak el ezek a dolgok.

Ha az éber tudatosságunk jól megalapozott, továbbra is összpontosíthatunk a jelen pillanatra, lehorgonyozva az egész testünket a légzés tudatosságán keresztül (felismerve, hogy hosszú vagy rövid levegőt veszünk). Alternatív megoldásként a tudatosságot egy adott meditációs tárgyra helyezhetjük, ez lehet egy vizualizáció, egy hang, egy téma, például a szerető kedvességről való elmélkedés, vagy a lélegzet tiszta tudatosítása a szívünkben vagy az orrunk hegyénél.

Elkerülhetetlen, hogy gondolatok merüljenek fel, ezért ezeket csak figyeljük meg vagy vegyük észre a tudatunk „tudatossági jellegével", anélkül, hogy megragadnánk őket, majd gyengéden térjünk vissza a meditációnk tárgyához. A hangok és egyéb érzések továbbra is ott lesznek a háttérben; tudatunk egy része tudatában lesz ezeknek az észleléseknek, de mégsem zavarják meg az éberségünket, ha egyszerűen megfigyeljük őket anélkül, hogy reagálnánk rájuk. Ha így gyakorolunk, végül elérjük azt az állapotot, amikor a testünk ellazul, az érzelmek elcsendesednek és a tudat tisztává válik.

Először a rövid, de gyakori ülések végzése a legjobb módja a nyugodt és kiegyensúlyozott tudatállapot kialakításának. Így a gyakorlat élvezetes és érdekes lesz, és bizonyos idő után biztosan észrevesszük a különbséget. A nyugodt tudatállapot lehetővé teszi, hogy valóban érezzük a következő két gyakorlat hatását, és igazi betekintést nyerjünk azok valódi jelentésébe.

Tisztító Gyakorlat

A halálra való felkészülés legfontosabb feladata a negatív karmánk megtisztítása. Ehhez szükséges a négy feltétel, amiről korábban

*Vadzsraszattva, a tibeti buddhista
hagyományban a tisztaság megtestesülése*

beszéltem: megbánás, az ellenszer alkalmazása, elhatározás és intenzitás. Ezt a gyakorlatot még erősebbé tehetjük egy sajátos vizualizációval, amelyet a buddhisták Vadzsraszattvának neveznek.[44] Vadzsraszattva egy ragyogó fehér istenség, aki a tisztaságot, az együttérzést és a gyógyító erőt testesíti meg. A különféle más spirituális hajlamokkal rendelkezők számára fontos, hogy ezt a gyakorlatot olyan támasszal végezzék, amely ezt az igazságot képviseli számukra. Például választhatjuk azt, hogy Jézust képzeljük el, vagy a szerető jelenlétet sugárzó fehér fény formájában, vagy esetleg egy természeti képet, például a napfényt, amely sugárzóan átragyog az esőben.

Először vegyük fel a fent leírt meditációs testhelyzetek egyikét, amelyik a legkényelmesebb a számunkra. Emlékezzünk vissza mindenre, amit ebben az életünkben rosszul tettünk, és ezt nyíltan ismerjük be, mindazzal a fájdalommal együtt, amelyet bármilyen okból fenntartottunk. Azt is beismerhetjük, hogy számos negatív cselekedetet követtünk el megannyi életünk során. Képzeljük el Vadzsraszattva (vagy bármit, ami ezt az igazságot testesíti meg számunkra) alakját a fejünk felett, fehér színű, mint a hold, mégis áttetsző, ékszerekkel díszes, és keresztbe tett lábbal egy fehér lótuszvirágon ül. Kérjük szívből jövő őszinteséggel: „Együttérző, kérlek, tisztítsd meg minden negatív karmám".

Ezután elképzeljük a boldogság, az együttérzés és a megbocsátás isteni tejszerű nektárját, amely Vadzsraszattva szívéből árad, és beivódik a bőrünk minden pórusába és testünk minden sejtjébe, elmosva minden negatív karmát és ártalmas érzelmet. Minden szennyeződés lemosódik, és a test alsó részéből fekete füst, tinta vagy piszkos vér formájában távozik, és eltűnik a föld alatt. Lassan az isteni nektár tölti be a testünket, amely olyanná válik, mint egy kristály, úgy mint amikor tejet öntünk egy pohárba. Ez nem csak egy vizualizáció, hanem valami, amit igazán érezhetünk az egész testünkben.

Ha kihívásnak találjuk ezt a vizualizációt, a gyakorlat egy alternatív formája, ha a nap melegét képzeljük el, amely fokozatosan betölti a testünket, majd egy enyhe, fényes eső zápora, átmossa a bőrünket, majd az összes izmot, csontot és a belső szerveket. A legjobb, ha a gyakorlat olyan formáját alkalmazzuk, amely a legjobban kiváltja a nyugalom, a boldogság és a ragyogás érzését a testünkben.

Minden nap, amilyen gyakran csak tudjuk, végezzük ezt a vizualizációt, és bízzunk benne, hogy megtisztítottuk a negatív karmánkat és káros érzelmeinket. Végül, ha kellőképpen megtisztítottuk a karmát, többé nem fogunk félni a haláltól, és nem gyötör a bűntudat, amely így a békés halálhoz és az értékes újjászületéshez vezet. Akkor mondhatjuk, hogy a gyakorlat működik, amikor úgy érezzük, hogy a fehér, ragyogó, boldog nektár betölti az egész testünket, és határozottan érezzük, hogy megtisztultunk, mintha egy nagy súlyt vettek volna le a vállunkról.

Miért Vadzsraszattvát képzeljük el? A buddhista hagyomány azt mondja, hogy volt valaha egy Vadzsraszattva néven ismert szent,

Amithába Buddha

aki mások negatív karmájának megtisztítása szándékával érte el a megvilágosodást, amely hasonló ahhoz, ahogy Krisztus meghalt a kereszten, hogy megtisztítsa a világ bűneit. Ezért különösen erős lehet a gyakorlat, ha Vadzsraszattva vagy, ha keresztények vagyunk, Jézus támaszával imádkozunk.

A Szenvedéstől mentes Újjászületés Gyakorlata

Ha az a vágyunk, hogy szépnek, gazdagnak vagy hatalommal rendelkezőnek szülessünk újjá, ez minden bizonnyal elérhető, ha fel vagyunk szerelkezve azzal a módszerrel, amellyel megtisztíthatjuk negatív karmánkat és rendelkezünk az újjászületés eme szándékával. Az azonban, hogy szép, gazdag vagy hatalommal bíró emberként születünk újjá, nem garantálja, hogy jövőbeli életünkben megszabadulunk a szenvedésektől.

Ha valóban meg akarunk szabadulni a szenvedéstől, akkor a legjobb, ha egy tiszta földre vagy a mennyországbeli újjászületésre törekszünk. Egy egész buddhista iskola épül arra („Tiszta föld buddhizmus"), amely a tudat képzésekor az ez irányú törekvést helyezi előtérbe, így a halál pillanatához közeledve magabiztosak, és jártasak lehetünk a Szukhavatinak nevezett tiszta birodalomban való újjászületés átmenetekor. Bár ezek a tanítások a buddhista szentírásból származnak, és sok évszázados múltra tekintenek vissza, nem elavultak, és nem is csak dogmák. Sokkal inkább a nagy tudású gyakorlók közvetlen tapasztalatai igazolják újra és újra, még napjainkban is, és számos esetben, hogy ezeknek a gyakorlóknak a halálát csodálatos jelek kísérték. Valójában sokszor személyesen is tanúja voltam ennek Tibetben. Hogy egy példát említsek, egy alkalommal egy nő a falumban, aki torokrákban haldoklott, azt mondta nekem, hogy néhány hete félt a haláltól, míg egy napon meglátta maga előtt a vörös Buddha Amitábha látomását – és akkor teljesen elvesztette a haláltól való félelmét, örömtelinek és nyugodtnak érezte magát, egyáltalán nem törődött a fizikai fájdalommal.

Szorgalmas meditáció gyakorlásával, hogy megismerjük Szukhavati mennyországát, megteremtjük a félelem nélküli, békés és örömteli halál feltételeit, bízva abban, hogy csodálatos újjászületésben lesz részünk. Fontos, hogy lássuk, ez a gyakorlat nem csak a buddhistákra vonatkozik. Ha erősen hiszünk Istenben vagy egy olyan nagyszerű lényben, mint Jézus, akkor ez jelenti számunkra Szukhavatit, és ezért a gyakorlat továbbra is hatékony marad.

Miért olyan különleges Szukhavati? Ahogy Vadzsraszattva a megvilágosodását a negatív karmánk megtisztításának szentelte, úgy tartják, hogy a bódhiszattva vagy nagyszerű lény, akit Amitábha néven ismertek, egykor arra törekedett, hogy megszabadítsa az embereket a szenvedéstől a halál pillanatában, és megvilágosodása révén létrehozta Szukhavati mennyországát. Ez nem azt jelenti, hogy ő építette ezt a helyet; inkább óceánnyi pozitív karmát ajánlott fel, hogy megnyilvánuljon egy tiszta birodalom, amelyben az emberek újjászületnek, ha szándékaik igazán valódiak.

Ha újjászületünk egy tiszta birodalomban, akkor eredendően tökéletesek leszünk. Ez azt jelenti, hogy természetünkből adódóan a legfelsőbb szellemi tulajdonságokkal rendelkezünk, amelyek valójában sokkal kiválóbbak azoknál a tulajdonságoknál, amelyeket ebben a könyvben leírtam. Különösen az odaadással, szorgalommal, kiváló emlékezettel és tisztánlátással, koncentrációval, együttérzéssel és bölcsességgel rendelkezünk. Így születünk, testileg-szellemileg tökéletes lénynek, isteni érával. Bár itt még mindig vannak bizonyos hajlamaink, nincs lehetőség arra, hogy a negatív érzelmek vagy rossz szokások eluralkodjanak rajtunk, mert a külső körülményeket Amitábha isteni ereje megáldja. Például nincs senki, aki vitákat provokálna, és nincsenek olyan környezeti feltételek, amelyek bármilyen típusú hanyatláshoz, szenvedéshez vagy negatív érzelmekhez vezetnének. Ezért minden karmánk természetesen megtisztul, és soha többé nem születünk tisztátalan birodalomban, hacsak nem a saját döntésünk alapján. Valóban szabadok leszünk.

Hogyan juthatunk el Amitábha tiszta birodalmába? A tanítások négy feltételről beszélnek, amelyek nagyon egyszerűek és hatékonyak. Ne feledjük, hogy ez egy rendkívül értékes és erőteljes gyakorlat. Rendkívül ritka találkozni ezzel a tanítással, és rendelkezni a szerencsével, hogy gyakoroljuk.

1. Valódi törekvés

Ahhoz, hogy Szukhavatiban születhessünk valóban őszinte szándékkal és vággyal kell rendelkeznünk. Általában úgy tekintjük, hogy a vágy a békés halál akadálya; itt azonban egyedülálló lehetőségünk van arra, hogy felhasználjuk ezt az érzelmet arra, hogy Szukhavatiban születhessünk meg. Emberi lényként általában a vágy vezet bennünket, de most lehetőségünk van irányítani, hogy elérjük Amitábha tiszta birodalmát.

2. Jártasság:

Ismernünk kell a tiszta birodalmat, és különösen Amitábha formáját, amely olyan, mint egy kapu a Szukhavatiba való belépéshez. Ezért azt javaslom, hogy végezzünk vizualizációs gyakorlatot, akár Buddha Amitábha, akár bármely istenség képével, amellyel szívbéli kapcsolatot érzünk, a fent leírt formális meditációs testhelyzetek egyikét felvéve.

Amitábhát hagyományosan rubinvörös színűnek ábrázolják, mint egy rubinhegyet, amely ezer nap fényében ragyog. Egyszerű szerzetesi köntösben ül, keresztbe tett lábbal, kezét meditációs helyzetben tartva (jobb kéz a bal fölött, az ölben pihen). A vörös szín az emberi vágyat szimbolizálja, Amitábha Buddha pedig megnyilvánul, hogy a vágy által megszabadítson bennünket. Hagyományosan a formáját a fejünk teteje felett, vagy magunk előtt, a homlokunk magasságában, velünk szembenézve jelenítjük meg. Általában a kép sokkal nagyobb, mint egy emberi lény, még akkora is lehet, mint egy hegy, bármilyen méretű lehet, amit könnyen el tudunk képzelni. Ezután elképzelhetjük, hogy Amitábha szívéből vörös vagy rózsaszín fény formájában mérhetetlen szerető kedvesség árad ki, amely az univerzum minden élőlényével összekapcsolódik.

Ha ez a vizualizáció nem megy könnyen számunkra, egy másik lehetőség, ha elképzelünk egy vörös rózsát a szívünk közepén, amely lassan kinyílik, és lágy vörös vagy rózsaszín fényt sugároz a testünk minden részébe. Ezután ezt a fényt úgy képzelhetjük el, mint egy gömböt, amely fokozatosan kitágul a testünkön túlra, és ismét kapcsolatot teremt minden élőlénnyel.

Nagyon jó, ha ezt a vizualizációt tisztán meg tudjuk tartani a tudatunkban, ismételt gyakorlással megerősítve. Ezt minden nap vizualizálnunk kell, amilyen gyakran csak tudjuk, újra és újra, amíg annyira meg nem szokjuk, hogy érezzük Amitábha jelenlétét. Fontos, hogy közelséget vagy erős kapcsolatot érezzünk Amitábhával. Ha azonban kihívásnak találjuk ezt a vizualizációt, akkor csak töltsük fel tudatunkat a rubinvörös színével, valamint az irántunk és minden lény iránt érzett rendkívüli szeretetével és együttérzésével. Végül, amikor vizualizálunk, nem csak kitalálunk valamit, mint amikor elképzelünk egy fadarabot, amely arannyá változik; hanem inkább egy mélyebb valósággal próbálunk kapcsolatba kerülni.

Az is jó, ha megismerkedünk Szukhavati néhány egyedi jellemzőjével[45], amelyeket különféle buddhista szövegek részletesen leírnak. Mint korábban említettem, ott egyáltalán nincs lehetőség a tudati szenvedés felmerülésére, mert a környezet és annak lakói tiszta természetűek.

3. Érdemhalmozás

Amennyire csak lehetséges, meg kell próbálnunk jó cselekedeteket és egészséges szellemi tulajdonságokat fejleszteni. Legyünk kedvesek másokkal, kerüljük a haragot és a féltékenységet, tanuljunk meg megbocsátani és elengedni mindent, amihez kötődünk. Emlékeztessük magunkat, hogy a tudatunkat próbáljuk meg átalakítani azért, hogy újjászülethessünk Szukhavatiban. Továbbá imádkozzunk azért, hogy minden élőlény javára születhessünk meg ott, mert amikor oda születünk, sokkal több szabadságunk és több képességünk lesz arra, hogy mások javára váljunk, azáltal, hogy bizonyos isteni erőkkel fogunk rendelkezni, amelyek meghaladják hétköznapi felfogásunkat. A nap folyamán végezzünk érdemdús és jó cselekedeteket, és kerüljük a negatív cselekedeteket. Minden reggel ellenőrizzük motivációnkat, elhatározva, hogy kedvesek és együttérzőek leszünk, és ne az önérdek motiváljon minket. Határozzuk el, hogy nem vesztegetjük el a napot, hanem bölcsen használjuk fel, hogy érdemeket gyűjtsünk a Szukhavatiban való újjászületés szándékával. Minden este gondoljuk át tetteinket. Legyünk tisztában egészséges és egészségtelen cselekedeteinkkel, ajánljuk fel és örüljünk jócselekedeteinknek, illetve határozzuk el, hogy a jövőben soha nem ismételjük meg negatív tetteinket.

4. Felajánlás

Minden jót, amit életünk során véghezvittünk, valamint a mások által végzett jócselekedetek óceánjait, amelyekről tudunk vagy amiket el tudunk képzelni, a mennyei újjászületés érdekében fel kell ajánlanunk. Ha a sajátunkon kívül mások jócselekedetét is felajánljuk, az növeli törekvésünk erejét. Valahányszor jó cselekedetet hajtunk végre, ajánljuk fel azt egy őszinte imával, szívből kívánva, hogy mások javára újjászülessünk Szukhavatiban. Mondjuk magunkban: „Felajánlom az erényeimet minden lény erényével együtt, hogy újjászülethessek Szukhavatiban, és mindenki javára váljak. Felajánlom ezeket az erényeket ennek a gyakorlatnak a megvalósítása előtt álló összes akadály megszüntetésére. Felajánlom továbbá ezeket az erényeket, hogy minden lénynek legyen szerencséje találkozni és gyakorolni ezeket a tanításokat."

Ügyeljünk arra, hogy jó cselekedeteinket ne egy jövőbeli újjászületés érdekében ajánljuk fel, ahol jó egészséggel, szépséggel, gazdagsággal, pozícióval és így tovább rendelkezünk. Ezek a tulajdonságok korlátozottak és egyszer véget érnek. Ha a felajánlást a Szukhavatiban való újjászületés érdekében tesszük, akkor fel fogjuk fedezni ezeket a minőségeket és még sok más határtalan tulajdonságot, amelyek valóban felülmúlják a képzeletünket.

ÉLET A HALÁL UTÁN

Mi történik valójában, amikor meghalunk, ha jól végeztük Amitábha gyakorlatát? A tanítások azt mondják, hogy csodával határos módon egy lótuszvirágból születünk, és megtapasztalhatjuk a meleg, határtalan fénnyel való összeolvadást, közvetlenül Amitábha arcát látva vagy szerető jelenlétét érezve. Saját megvilágosodásunkról kaphatunk jóslatot, vagy megvilágosodott lények vezetnek minket újjászületésünk felé.

Ha megismerjük Amitábhát, és erős hitet alakítunk ki benne, akkor közvetlenül a halál előtt láthatjuk őt, és ez a közvetlen tapasztalat teljesen megszünteti a haláltól való félelmünket. Bár ez hihetetlenül hangzik, ez nem csak babona. Az én vidékemen Tibetben ismertem olyan embereket, akik egykor elfoglalt életet éltek, és nem volt idejük a spirituális gyakorlásra összpontosítani, de később Amitábha meditációjára fókuszáltak. Ahogy közeledtek az öregséghez és a halálhoz, sokuknak látomásai voltak Amitábháról, és nagyon boldognak és biztonságban érezték magukat. Mindegyikük békés, félelem nélküli és fájdalommentes halált élt át. Néhány évvel ezelőtt közvetlenül szemtanúja voltam ezeknek az eseményeknek – ez nem csak egy történet.

Mindezek vonatkozhatnak a nyugati emberekre is? Bizonyosan! Azok, akik átestek egy halálközeli élményen, gyakran beszámolnak a fény vonzó és beburkoló erejéről,[46] valamint a feltétel nélküli szeretet jelenlétéről. Különös érdeklődéssel olvastam, hogy Elizabeth Kubler-Ross,[47] aki a haldokló emberekkel végzett munkájáról híres, egy nagyon hasonló élményt ír le önéletrajzában nem sokkal saját halála előtt. Emlékszik, amikor elhagyta a testét, és sok hihetetlenül gyönyörű lótuszvirágot látott maga előtt, fényt is látott, és tudta, hogy át kell jutnia egy bizonyos hatalmas lótuszvirágon, és egyesülnie kell a fénnyel és annak szerető jelenlétével. Ezen élmény után elvesztette minden halálfélelmét:

A haláltól nem kell félni. Életed legcsodálatosabb élménye lehet. Minden attól függ, hogyan éltél.[48]

Ez sok tekintetben hasonlít a tibeti Amitábha-gyakorlók tapasztalataihoz. Bár nem említette, hogy rubinvörös lényt látott, nem szükséges, hogy az egyes részletek azonosak legyenek, mert az ember észlelése attól függ, hogyan képezte tudatát. Még ennél is fontosabb, hogy felismerjük annak szükségességét, hogy jó emberként éljünk, erős hittel és együttérzéssel, megingathatatlan önbizalmat szerezve afelől, hogy békés és félelem nélküli halálunk lesz.

Még ha nem is ismerkedtünk meg annyira az Amitábha gyakorlattal, vagy egyszerűen nem tudunk kapcsolódni hozzá, emlékeztetnünk kell magunkat, hogy minden spirituális tanítás a halál utáni élet lehetőségére tanít bennünket. A tibeti hagyományban sok bizonyíték utal arra, hogy ez nem csak egy vak hiten alapuló hiedelem. Az egyik legbeszédesebb példa a Dalai Láma, akinek jelenlegi inkarnációja Tenzin Gyaco, más néven Őszentsége, a tizennegyedik Dalai Láma. Korán felismerték őt, mint a tizenharmadik Dalai Láma megtestesülését egy szigorú vizsgálati eljárás során, amely többek között azt is megvizsgálta, hogy képes-e felismerni az előző életében használt tárgyakat. Ezenkívül tanulmányai során szokatlanul gyors ütemben haladt más szerzetesekhez képest, ami nagy mennyiségű eredendő „spirituális képességre" utal. Továbbá minden élete végén Őszentsége jelzi, hol fog újjászületni következő életében, ami azt sugallja, hogy elég uralma van tudata felett ahhoz, hogy ténylegesen megválassza újjászületésének körülményeit, valamint sok életre szóló ígéretet tesz mély elkötelezettségéről a tibeti nép jóléte iránt.

Hasonlóan sok olyan eset van a tibeti tulkukról vagy elismert reinkarnációkról, akik úgy döntenek, hogy életről életre visszatérnek, hogy kolostorokban vagy akár külföldön folytassák a munkát, bármi is legyen a törekvésük. Nemcsak speciális tesztekkel és a „jelek" gondos értelmezésével ismerik fel őket, hanem sokuknak megvan a képessége arra is, hogy visszaemlékezzenek múltbeli életük kulcsfontosságú eseményeire, ugyanúgy, ahogyan emlékezhetünk a gyerekkorunkban velünk történtekre.

Ez a jelenség határozottan nem csak a tibetiekre korlátozódik. Az utóbbi időkben jó néhány nyugati embert tibeti lámák reinkarnációjaként ismertek fel.[49] Mostanra is lenyűgöző számú esetjelentés érkezett olyan nyugati országokból származó emberekről, akik figyelemre méltó képességekkel emlékeznek vissza korábbi életeikre. Egyes történetek szinte pontosan korrelálnak egy adott korszak vagy helyzet történelmi bizonyítékaival, olyan tényeket tárva fel, amelyeket egyszerűen nem lehetett volna csalárd módon begyűjteni.

Például számos dokumentált eset van olyan kisgyermekekről, akik korábbi életükből házakat és családtagokat tudtak azonosítani,[50] olyan nevekre és eseményekre emlékezve, amelyeket a még mindig ezeken a helyeken élők megerősítettek.

Alapvetően kétféle újjászületés létezik. Először is létezik a választás általi újjászületés, ahol magas fokon irányíthatjuk tudatunkat, és újjászülethetünk emberek között vagy olyan helyzetekben, ahol hatékonyan segíthetünk másokon, akárcsak Őszentsége, a Dalai Láma. A másik, az újjászületés a karma irányítása alatt, amely esetben korábbi tetteink ereje egy új létezés felé sodor bennünket, amelyet érzelmeink és karmáink határoznak meg.

A Szukhavatiban való újjászületés azonban lehetővé teszi számunkra, hogy megkerüljük ezt a karmikus láncreakciót. Ez azt jelenti, hogy soha többé nem születünk újjá az emberi birodalomban vagy bármely más birodalomban, hacsak nem döntünk úgy. Ez a tanítás ezért rendkívül értékes, hiszen segíthet egyszer és mindenkorra megszabadulni a halál és újjászületés irányíthatatlan körforgásából.

Epilógus

Ez a könyv nem csak szórakoztatás céljából íródott. Sokkal inkább őszinte kívánságom, hogy megfelelő támpontként szolgáljon, amelyhez az élet bármely szakaszában fordulhatunk. Remélem, az olvasó számára hasznos lesz, ha nehézségekkel néz szembe, amikor nagy döntéseket kell meghoznia, vagy amikor csak egy kis időt szán arra, hogy átgondolja, életének menetét.

Ezért határozottan arra buzdítok mindenkit, hogy ne csak egy a könyvespolcon porosodó könyvként tekintsünk rá, miután befejeztük az olvasását. Tartsuk a magunk közelében, bárhol is vagyunk. Gondolkozzunk el újra és újra a tartalmán, és alkalmazzuk a megszerzett bölcsességet a mindennapi életben. Beszéljük meg a könyvben található elképzeléseket partnerünkkel, családunkkal vagy a barátainkkal. Ne csak vakon fogadjuk el a leírtakat, hanem teszteljük is őket, és nézzük meg, működnek-e a számunkra, akárcsak egy tudós, aki kísérletet hajt végre. Ne gondoljuk azt sem, hogy egyes részek teljesen nyilvánvalóak, és nem érdemes elmélkedni rajtuk, mivel gyakran éppen azért küzdünk életünk bizonyos területein, mert nem tudunk elgondolkodni a nyilvánvalónak tűnő dolgokon.

Az a leghasznosabb, ha az elsajátított alapelveket alkalmazni tudjuk minden olyan helyzetben, amellyel szembesülünk, majd feltesszük a kérdést, hogy az mennyire működött, és hogy legközelebb jobban tudnánk-e csinálni. Tegyük ezt újra és újra, és erősítsük meg elhatározásunkat, hogy mindennap gyakoroljuk az egészséges tulajdonságokat, különösen a kedvességet és a hálát. Még ha bizonyos elképzelések kézenfekvőnek is tűnnek, ne feledjük, hogy hatalmas szakadék van a tudás, a valódi megértés vagy a megélés között. Talán minden nap tizenöt-húsz percet vagy még rendszeresebben a nap folyamán szánhatunk arra, hogy megvizsgáljuk önmagunkat, akkor képesek leszünk magunkévá tenni a könyvben található bölcsességet, és minden helyzetben alkalmazni tudjuk. Ha már jártasakká válunk az egészséges mentális tulajdonságok rendszeres gyakorlásában, fokozatosan képesek leszünk megtapasztalni a boldogság mélyebb szintjeiből fakadó végső örömöt.

Gyermekként szeretnénk jól érezni magunkat és magabiztosak lenni önmagunkban. Tinédzserként és fiatal felnőttként szeretnénk megismerni a sikeres karrier és kapcsolatok titkait. Ahogy öregszünk, szeretnénk megtanulni, hogyan éljünk gazdag és kielégítő életet, a lehető legjobb módon megbirkózva a változásokkal és kihívásokkal. Végül, ahogy közeledünk életünk végéhez, szeretnénk tudni, hogyan készüljünk fel a békés halálra. Ezen szakaszok mindegyikében megtanulhatjuk azonosítani és alakítani azokat a körülményeket, amelyek a boldogsághoz vezetnek, az adott helyzetnek megfelelően.

Ne gondoljuk azonban, hogy csak a korosztályunknak megfelelő fejezet vonatkozik ránk. Lehetséges, hogy időként és nyugdíjasként, élethelyzetünk szempontjából leginkább a tizenévesekhez vagy a fiatal felnőttekhez szóló fejezet a leginkább helytálló. Másrészt, még ha fiatalok is vagyunk, előfordulhat, hogy a könyv későbbi fejezetei nagy segítséget nyújtanak a jövőre való felkészülésben, és némi támpontot nyújtanak ahhoz, hogyan birkózzunk meg a felmerülő kihívásokkal. Ezért bármelyik fejezet bármikor hasznos lehet a számunkra.

Képzeljük el, hogy valamikor a jövőben nagyon szeretett és megbecsült tagjai leszünk a helyi közösségünknek. Bölcsek, nagylelkűek és önbizalommal teltek vagyunk; a körülöttünk lévő emberek javára válunk, és életünk minden pillanata valódi elégedettséggel és boldogsággal teli. Legalábbis buddhista szempontból ilyenné válik az életünk, ha már most elkezdjük megteremteni a boldogság okait, legyen ez később ebben az életben vagy egy jövőbeli életben. Ahogy a Buddha mondta: „Jelenlegi körülményeid múltbeli cselekedeteid eredménye, jövődet pedig a jelened formálja". Ebből a nézőpontból úgy gondolhatunk erre a könyvre, mint egy útmutatóra a boldogság eléréséhez számos életen át, nem csak ebben az életben. Tehát ha tinédzserként néhány rossz döntést hoztunk, talán legközelebb egy kicsit bölcsebbek leszünk!

Sok éven át szerettem volna egy ilyen könyvet írni, mert rájöttem, milyen hasznos lett volna a felnőtté válásom során. Azt is felismertem, hogy sok probléma, amellyel Tibetben szembesültem, pontosan ugyanaz, mint amivel a nyugati emberek szembesülnek, és hogy a boldogság okai is azonosak, függetlenül attól, hogy honnan jövünk, hány évesek vagyunk vagy mennyi vagyonunk van. Szembesültem azzal is, hogy Nyugaton olyan oktatási rendszerünk van, amely nagy hangsúlyt fektet az intelligens, hozzáértő és produktív létre, ugyanakkor kevés hangsúlyt kap az érzelmek kezelésének és a bölcs döntések meghozatalának megtanulása; ezt gyakran a véletlenre bízzák. Ráadásul úgy tűnik, hogy manapság nincs olyan nagy keletje a „bölcsesség-kultúrának", és az embereknek ritkán van lehetőségük megvitatni az élet nagy kérdéseit. Remélem, hogy ez a könyv kis mértékben hozzájárul majd e hiányosságok egy részének megszüntetéséhez.

Végül három utolsó tanácsot szeretnék adni. Először is arra ösztönzök mindenkit, hogy soha ne keresse a boldogságot mások rovására. Másodszor, amennyire csak tudunk legyünk mások javára. Harmadszor, ne feledjük, hogy a boldogság szinte mindig teljes mértékben rajtunk múlik, és mindig attól függ, hogy mennyi hála és megbecsülés van a szívünkben. Szívből kívánom, hogy az olvasó mélyen megértse ennek a könyvnek a jelentését, és inspirációt kapjon, hogy a legtöbbet hozza ki ebből az értékes emberi életből. Imádkozom, hogy egy gazdag, tartalmas és boldogabb élet felé vezessen.

Gyakorlatok Összefoglalója

AZ ALAPVETŐ MEDITÁCIÓS MÓDSZER

Minden típusú meditáció ugyanazt az alap módszert követi, és ez a test tudatos ellazításával kezdődik. Ennek jó módja, ha meditáció előtt végzünk néhány gyengéd „lazító gyakorlatot", például a különböző testrészek rázását vagy masszírozását, vagy könnyű jóga nyújtásokat. Ezután tudatosan el kell dobnunk a múlt és a jövő minden aggodalmát, majd el kell határoznunk, hogy meditáció közben olyan valakivé válunk, akinek "nincs története". Ezután összpontosítsuk tudatunkat a jelen pillanat tudatosítására, beleértve a lélegzetet, a testünk fizikai jelenlétét, a testünkben lévő érzéseket, a körülöttünk lévő hangokat és a tudatunk állapotát, figyeljük meg, hogyan merülnek fel és múlnak el ezek a dolgok.

Ha az éber tudatosságunk jól megalapozott, továbbra is összpontosíthatunk a jelen pillanatra, lehorgonyozva az egész testünket a légzés tudatosságán keresztül (felismerve, hogy hosszú vagy rövid levegőt veszünk). Alternatív megoldásként a tudatosságot egy adott meditációs tárgyra helyezhetjük, ez lehet egy vizualizáció, egy hang, egy téma, például a szerető kedvességről való elmélkedés, vagy a lélegzet tiszta tudatosítása a szívünkben vagy az orrunk hegyénél.

Elkerülhetetlen, hogy gondolatok merüljenek fel, ezért ezeket csak figyeljük meg vagy vegyük észre a tudatunk „tudatossági jellegével", anélkül, hogy megragadnánk őket, majd gyengéden térjünk vissza a meditációnk tárgyához. A hangok és egyéb érzések továbbra is ott lesznek a háttérben; tudatunk egy része tudatában lesz ezeknek az észleléseknek, de mégsem zavarják meg az éberségünket, ha egyszerűen megfigyeljük őket anélkül, hogy reagálunk rájuk. Ha így gyakorolunk, végül elérjük azt az állapotot, amikor a testünk ellazul, az érzelmek elcsendesednek és a tudat tisztává válik.

Először a rövid, de gyakori ülések végzése a legjobb módja a nyugodt és kiegyensúlyozott tudatállapot kialakításának. Így a gyakorlat élvezetes és érdekes lesz, és bizonyos idő után biztosan észrevesszük a különbséget. A nyugodt tudatállapot lehetővé teszi, hogy valóban érezzük a következő két gyakorlat hatását, és igazi betekintést nyerjünk azok valódi jelentésébe.

Önvizsgálat— Döntéshozatal

Gondolj a közelmúltban hozott nagy döntésekre. Hogyan hoztad meg őket? Kértél tanácsot olyan emberektől, akik nagy élettapasztalattal rendelkeznek? Alaposan mérlegelted döntésed minden következményét?

Reálisak vagy irreálisak voltak az elvárásaid? A legrosszabb forgatókönyvre gondoltál? Voltak tartalék terveid? Teljesen őszinte voltál magadhoz, vagy azért döntöttél így, mert le akartál nyűgözni valakit? Minden lehetséges lehetőséget mérlegeltél?

Most gondolj a meghozandó döntésekre. Ismét tedd fel magadnak ezeket a kérdéseket, ügyelve arra, hogy gondosan mérlegelj minden lehetőséget. Most ülj egyenesen, egyenes gerinccel, lazítsd el a tested, vegyél néhány mély lélegzetet, és tisztítsd ki a tudatod. Ha őszinte vagy önmagadhoz, mi a legjobb döntés?

Gyakorlat — elmélkedés a napodról

Minden reggel és este szánj erre körülbelül tizenöt percet. Reggelente, mielőtt elkezded a napot ellenőrizd a hozzáállásod. Értékelted, hogy ma reggel élve ébredtél, és egy olyan országban élsz, ahol a körülmények könnyűvé teszik az életet néhány harmadik világbeli országhoz képest? Eltökélt szándékod, hogy bölcsen használod ki ezt a napot, és gyakorolod az együttérzést, ahogy csak tudod, hűen legmélyebb értékeidhez? Munkád és kapcsolataid terén hajlandó vagy türelmes lenni, ha a dolgok nem úgy alakulnak, ahogyan azt elvárnád?

Este elmélkedj az eltelt napon. Gondolj azokra az emberekre, akikkel beszélgettél, azokra a helyekre, ahol jártál, és a jó és rossz dolgokra egyaránt. Miért lehetsz hálás? Lehet, hogy szeretnél egy 5-10 dologból álló listát írni egy „hálanaplóba".

Ülj le egyenes háttal, lazítsd el az összes izmod, és vegyél néhány nagy mély lélegzetet. Próbálj megpihenni az elégedettség és az öröm természetes érzésében, és gondold át, hogyan teheted igazán tartalmassá és értékessé a következő napot.

Gyakorlat — tanulás az élettapasztalatból

Mostanra rengeteg élettapasztalatot gyűjtöttünk össze, és sok értékes dolgot tanulhatunk, ha mélyen átgondoljuk, mit tanított nekünk az életünk. Ez akár arra is késztethet bennünket, hogy átértékeljünk bizonyos prioritásokat.

Először jusson eszünkbe egy személy, akivel a múltban kapcsolatban álltunk. Ennek nem feltétlenül kell egy partnernek lennie – lehet barát, szülő vagy esetleg munkatárs. Mi volt a motivációd a kapcsolatban? Úgy sikerült, ahogy vártad? Mennyire volt sikeres a nehézségek leküzdése? Mennyire volt nyitott a kommunikáció? Talán ha volt egy nagy nehézségekkel járó időszak, leírhatod, mire emlékszel – ez segíthet elfogadni a múltat és továbblépni.

Ezután idézz fel egy olyan munkát, amelyet korábban dolgoztál, és tegyél fel magadnak hasonló kérdéseket. Mi volt a motivációd az ilyen jellegű munkához? Mit tanultál még a tapasztalataidból?

Most nézd meg jelenlegi helyzeted. Tedd fel magadnak a kérdést: „Hogyan alkalmazhatom a leckéket, amelyeket megtanultam? Hogyan élhetem az életemet a lehető legbölcsebben?'

Ülj egyenesen, egyenes gerinccel, kezeid az öledben, feszítsd meg testedet, majd érezd, hogy mindenhol elernyed. Kérdezd meg magadtól őszintén, van-e valami, amit szeretnél megváltoztatni életednek ebben a szakaszában, majd gondold át, hogyan tudnád ezt megvalósítani.

GYAKORLAT — ELMÉLKEDÉS AZ ÁLLANDÓTLANSÁGON

Emlékezz néhány veszteségre és változásra, amelyeknek tanúja voltál eddigi életed során, és gondold át a következő gondolatokat:

- Bármi is születik, megöregszik és meghal.
- Ami összegyűlt, az szétszóródik.
- Ami felhalmozódott, az elfogy.
- Ami felépült, az össze fog omlani.

A barátság és az ellenségeskedés, a szerencse és a bánat, mindazok a gondolatok, amelyek a fejünkben járnak — mindig minden változik.

Emlékeztesd magad arra, hogy a mulandóság egyszerűen az élet valóságának igazsága, és ezért az egyetlen dolog, amivel igazán rendelkezünk, az a most, a jelen. Hogyan segíthet ez a megértés megbirkózni egy szeretett személy elvesztésével?

Hogyan változtathatod meg a nézőpontod a különböző típusú veszteségekkel kapcsolatban, amelyekkel szembesülsz — a szeretteid elvesztésével, egy munkahely elvesztésével vagy bármivel, ami kedves számodra?

Az is segíthet, ha észben tartod, hogy a változások nem feltétlenül vezetnek szerencsétlenséghez — néha nagy hasznot hoznak, még akkor is, ha ez elsőre nem nyilvánvaló.

Mindezekre a kérdésekre gondolva ülj egyenes háttal, érezd, hogy tested ellazul, és vegyél néhány nagy, gyengéd lélegzetet. Milyen tanulságokat tartogat számodra a mulandóság igazsága?

Jegyzetek

ELSŐ FEJEZET: BEVEZETÉS A BOLDOGSÁGBA

1. A megvilágosodás buddhista koncepciójának egyszerű bemutatásához és a megvilágosodáshoz vezető ösvény követésének egyszerű bemutatásához lásd: Shar Khentrul Jamphel Lodrö, Unveiling Your Sacred Truth: A Gradual Discovery of Enlightenment through the Jonang-Shambala Kalachakra Tradition (Melbourne: Tibeti buddhista). Rimé Institute 2015).

2. Lásd: Martin Seligman, Authentic happiness (Sydney: Random House, 2002).

3. A „boldogság alappontjának" kérdése a nyugati tudósok és a Dalai Láma 2004 végén tartott konferenciájanak egyik fő témája volt, amely a „neuroplaszticitás" izgalmas új területével foglalkozott, összeállítása: Sharon Begley (szerk.), Train Your Mind , Change Your Brain (New York: Ballantine Books, 2007), 226-9. Ezt a kérdést Norman Doidge is tárgyalja.The Brain that Changes Itself (New York: Viking, 2007).

4. A boldogságra vonatkozó nyugati filozófusok számos perspektíváját gyönyörűen írják le laikus kifejezésekkel: Alain de Botton, Consolations of Philosophy (London: Penguin Books, 2001).

5. A kognitív terápia gyakorlati útmutatója megtalálható: David Burns, Feeling Good: the New Mood Therapy (New York: Avon Books, 1999).

6. Lásd: P. Brickman, D. Coates és R. Janoff-Bulman, 'Lottery winners and accident victims: is happiness relative?' Journal of Personal and Social Psychology 36 (1978): 917-27.

7. Lásd: T. Elbert, C. Pantev, C. Wienbruch, B. Rockstroh és E. Taub, „Increased cortical representation of the fingers of the left hand in string player", Science 270 (1995): 305-7.

8. Lásd: A. Lutz, L.L. Greischar, N.B. Rawlings, M. Ricard, and R.J. Davidson, 'Long-term meditators self-induce high-amplitude gamma synchrony during mental practice,' Proceedings of the National Academy of Sciences 101 (2004): 16369-73

9. Lásd újra: Sharon Begley (szerk.), Train Your Mind, Change Your Brain: 226-9.

MÁSODIK FEJEZET: A BOLDOGSÁG FELTÉTELEINEK FELTÁRÁSA

10. A „flow" jelenségét pszichológusok alaposan kutatták – lásd: Csikszentmihalyi M., Finding Flow: The Psychology of Engagement with Everyday Life (Basic Books: 1998). Buddhista szempontból ez hasonlít az egyhegyű koncentráció állapotának eléréséhez – bár ez egy boldog és gyönyörteli tudatállapot, nem egyenlő a boldogság legmélyebb szintjével.

11. A pozitív pszichológia hat kulcsfontosságú erényt vagy erősséget sorol fel, melyekről kiderült, hogy szinte minden hagyományban közösek: bölcsesség, bátorság, szeretet és emberség, igazságosság, mértékletesség és transzcendencia (vagy spiritualitás). Az egyén erényes tulajdonságainak javítására irányuló munkát manapság a pszichoterápia fontos formájának tekintik. Lásd: Martin Seligman, Authentic happiness: 125-61.

12. Lásd: Tal Ben-Shahar, Even Happier: A Gratitude Journal for Daily Joy and Lasting Fulfillment (New York: McGraw-Hill, 2010): 9-11.

13. Ez az ACT (Elfogadás és Elkötelezettség terápia) néven ismert pszichoterápia alapelve. Mindfulness-feladatok segítségével közvetlenül kezeli a tapasztalati elkerülés problémáját, ahol a nem kívánt gondolatokkal és érzésekkel küzdve, valamint a fájdalmas események újraélésével tetézzük szenvedéseinket. Ugyanakkor a teljes és gazdag élet megteremtésére összpontosítunk. Bár a beteg tüneteinek csökkentése nem a terápia célja, melléktermékként szinte mindig csökkennek. Lásd: Russel Harris, 'Embracing Your Demons: an Overview of Acceptance and Commitment Therapy.' Psychotherapy in Australia 12 (4): 2-8.

14. A negatív tendenciáink tudatosítása vagy betekintése a nyugati pszichoterápia alappillére évek óta. A kognitív terápia arra törekszik, hogy segítsen azonosítani a pillanatról pillanatra kialakult gondolkodási mintákat, majd megkeresni azokat a rejtett feltételezéseket, amelyek e gondolatok hátterében állnak. A pszichoanalízis ezzel szemben olyan „védelmi mechanizmusokról" beszél, mint a tagadás, az elfojtás vagy a cselekvés, amelyek blokkolják a fájdalmas múltbeli tapasztalatokat; ezeknek a mintáknak a tudatosítása és betekintése segíthet elfogadni a múltat és továbblépni.

HARMADIK FEJEZET: GYERMEKKOR — A BOLDOGSÁG MAGJAINAK ELVETÉSE

15. A modern pszichológia alátámasztja azt a nézetet, hogy a szülőknek döntő szerepük van a magok elültetésében gyermekeik tudatában, még akkor is, ha erről nem tudnak. Azt is mondják, hogy a gyerekeknek „bevésődhetnek" a szülői üzenetek, vagy hogy a szülők hipnotizálhatják gyermeküket (lásd: Steve Biddulph, The Complete Secrets of Happy Children [Sydney: Harper Collins, 1998]). Reméljük, hogy a történetekben felvetett fontos kérdések

megvitatása segít egy olyan családi környezet kialakításában, amely kedvez annak, hogy a gyermekek pozitívan fogadják az üzeneteket.

16. A barátság története és a tudatosság története egyaránt a Buddha életéből származó történetekből ered: Tich Nhat Hanh, Old Path White Clouds: Walking in the Footsteps of the Buddha. (Berkley: Parallax Press, 1991).

NEGYEDIK FEJEZET: TINÉDZSEREK — ELINDULÁS A HELYES IRÁNYBA

17. Tal Ben-Sahar három kulcsfontosságú dologról beszél, amelyeket figyelembe kell venni a karrier kiválasztásakor vagy bármilyen cél melletti elköteleződéskor – az erősségekről, az örömről és a jelentésről. Fel kell tennünk magunknak a kérdést: „Melyek az erősségeink?" „Mi okoz nekünk örömet?" és „Mi ad nekünk értelmet?" Azt is javasolja, hogy írjuk le, mit szeretnénk valójában csinálni (ami a személyes meggyőződés mély érzéséből fakad vagy erős érdeklődés), majd ellenőrizni kell, hogy ezt mások elvárásai befolyásolják-e bármilyen módon. Ha valóban meg akarunk tenni valamit, akkor végső soron nem számít, hogy mások mit gondolnak. Lásd: Tal Ben-Shahar, Happier: Learn the Secrets to Daily Joy and Lasting Fulfillment (New York: McGraw Hill, 2007): 103-105.

18. A buddhista tantrikus hagyományban a testünkön belüli dinamikus pszicho-fizikai rendszerről beszélünk, amely sok év jógagyakorlás után közvetlenül érzékelhető. Ha az emberi testet városnak tekintjük, akkor a csatornák az útjai, a belső levegő olyan, mint a ló, a tudat pedig a lovasa (a test bizonyos helyein finom esszenciákként jeleníthető meg). Részletesebb magyarázatot lásd: Sogyal Rinpoche, The Tibetan Book of Living and Dying (Sydney: Random House, 2002), 252-3.

Ötödik Fejezet: Korai felnőttkor — Második esély a bölcsesség fejlesztésére

19. A modern pszichológia is egyetért abban, hogy kulcsfontosságú a romantikus szerelem érett nézete. Lásd: Tal Ben-Shahar, Happier: Learn the Secrets to Daily Joy and Lasting Fulfillment (111-22).

20. A párok érzelmi intelligencia foka kulcsfontosságú tényező az együtt maradásban és kapcsolatuk erősítésében, és John Gottman szerint ez egy tanulható készség. Ez magában foglalja: megtanulni egymás pozitív tulajdonságaira összpontcsítani, gyakori és nyílt interakciót folytatni, megosztani az értékeket és az érdekeket, és érett módon megoldani a konfliktusokat, mindig készen állni a kompromisszumokra. Lásd: John Gottman & Nan Silver. The Seven Principles for Making Marriage Work (New York: Random House, 2000). Az érzelmi intelligencia gyakorlati útmutatóját lásd még: Jeanne Segal. The Language of Emotional Intelligence: The Five Essential Tools for Building Powerful and Effective Relationships (New York: McGraw Hill, 2008).

21. Jelenleg számos tanulmány folyik a tudat-test orvoslás feltörekvő területén, amelyek a békés tudat és az egészséges test közötti kapcsolatot vizsgálják. A stressz és a betegségek közötti kapcsolatról szóló gyakorlati beszélgetéshez lásd: Craig Hassed, Know Thyself: the Stress Relief Program. (Melbourne: Michelle Anderson Publishing, 2006, 18-22), és az abban található hivatkozások.

22. A tibeti buddhista hagyományban az együttérzés legmagasabb formáját bódhicsitta néven ismerik, amely önzetlen vágy a megvilágosodás elérésére, hogy minden élőlényt a megvilágosodás felé vezessünk. Lásd még: Shar Khentrul Jamphel Lodrö, Unveiling Your Sacred Truth.

23. A Digha Nikaya-ból, a Buddha hosszú beszédeiből (DN 31).

HATODIK FEJEZET: KÖZÉPKOR — A TAPASZTALATOK KORA

24. A nemes nyolcrétű ösvény a következőket tartalmazza: helyes nézet, helyes szándék, helyes cselekvés, helyes beszéd, helyes életvitel, helyes erőfeszítés, helyes koncentráció és helyes éberség. Az első két szakasz a bölcsességet, a következő négy a fegyelmet képviseli, az utolsó kettő pedig a koncentrációval kapcsolatos. Sokféle megközelítés létezik a buddhista tanítások megértésére. Jó bevezető perspektívát ad: Walpola Rahula, What the Buddha Taught. (London: Gordon Fraser, 1978). A megvilágosodáshoz vezető út szakaszainak leírását lásd: Shar Khentrul Jamphel Lodrö, Unveiling Your Sacred Truth.

25. Sok beszámoló létezik a 16. Karmapa hihetetlen életéről. Lásd például: Ken Holmes, Karmapa (Forres: Altea Publishing, 1995). Megemlítem saját gyökérmesteremet, Kjabdzse Lobszang Trinlét is, akinek a mások javára történő fáradhatatlan odaadásának, valamint élete és halála során történt megannyi csoda jelének személyesen is szemtanúja voltam.

26. A hiteles spirituális tanító megtalálásához és követéséhez lásd például: Őszentsége, a Dalai Láma: Becoming Enlightened (New York: Atria Books, 2009), 31-36. A mélyreható beszélgetéshez lásd még Shar Khentrul Jamphel Lodrö, Unveiling Your Sacred Truth.

27. A Digha Nikaya-ból, a Buddha hosszú beszédeiből (DN 31). Ebben a szuttában Buddha a világi követők etikáját és gyakorlatát tárgyalja.

28. A nyugati pszichológiában köztudott, hogy a férfiak és a nők egy kicsit eltérő módon látják a világot: Az itt közölt példák a következőkön alapulnak: John Gray, A férfiak a Marsról, a nők a Vénuszról jöttek: Klasszikus útmutató az ellenkező nem megértéséhez (New York: Harper Collins, 2004).

29. Kiváló referencia a szülők számára, amely sok itt bemutatott gondolattal összhangban van: Steve Biddulph, The Complete Secrets of Happy Children (Sydney: Harper Collins, 1998).

30. A modern pszichológiában a munkahelyi boldogság elérésének kulcsfontosságú alapelve az, hogy az ember a munkáját „elhivatottsággá" alakítsa. Megállapíthatjuk, hogy mit tartunk értelmesnek, és melyek az erősségeink, majd megtanulhatjuk a munkát úgy érzékelni, hogy az személyesen is értelmes legyen, ugyanakkor az erősségekre vagy a jó tulajdonságokra összpontosítsunk. Lásd: Martin Seligman, Authentic Happiness, 165-184.

HETEDIK FEJEZET: ÉRETT FELNŐTTKOR — A BÖLCSESSÉG KORA

31. A halálról és a mulandóságról buddhista nézőpontból való mélyreható vitához és elmélkedéshez lásd: Shar Khentrul Jamphel Lodrö, Unveiling Your Sacred Truth.

32. Ez Krisha Gotami története: Sogyal Rinpoche, The Tibetan Book of Living and Dying, 28-9.

33. Választhatunk spirituális hagyományt vagy közösséget, amely segíti „belső életünk" és jó tulajdonságaink fejlesztését, de segítséget kaphatunk bizonyos gyakorlati könyvekből vagy pszichológiai kurzusok által is (amennyiben ezeknek megfelelő kutatási alapjuk van). Jó példa egy ilyen könyvre: Tal Ben-Shahar, Even Happier: A Gratitude Journal for Daily Joy and Lasting Fulfillment (New York: McGraw-Hill, 2010).

34. Lásd: Sharon Begley, Train Your Mind, Change Your Brain, 246-9 (és a benne található hivatkozások). Lásd még: Norman Doidge, The Brain that Changes Itself. Manapság számos jó gyakorlati

könyv és egyéb forrás létezik, amelyek segíthetnek emlékezetünk fejlesztésében. Az egyik ilyen forrás a www.lumosity.com, amely online gyakorlatokat kínál a mentális funkciók különböző területeinek javítására, jó tudományos kutatásokkal alátámasztva. Egy másik hasznos forrás, amely bármely életkorú ember számára előnyös lehet: Tony Buzan, Use Your Head: Innovative Learning and Thinking Techniques to fulfill your Mental Potential (Harlow: Educational Publishers LLP, 2006).

35. A hála fejlesztésének előnyeiről a modern pszichológia szemszögéből lásd: Martin Seligman, Authentic Happiness, 70-5.

Nyolcadik Fejezet: Késő felnőttkor — Felkészülés az Életből való Távozásra

36. A karma és a reinkarnáció buddhista nézetének mélyreható megvitatásához, beleértve mindkét alapelv logikai „bizonyítékát", lásd: Shar Khentrul Jamphel Lodrö, Unveiling Your Sacred Truth.

37. Sok kutatást végeztek a másokon való segítés pszichológiai előnyeiről; Például az önkéntes munka csökkentheti a depresszió és a szorongás szintjét, és mások alkoholtól való távoltartása segíthet megelőzni a visszaesést az alkoholistáknál. Ennek a kutatásnak a nagy részét bemutatja: Stephen Post, Why Good Things Happen to Good People (New York: Broadway, 2007).

38. A szenvedés hagyományos buddhista nézetének mélyreható bemutatásához lásd: Shar Khentrul Jamphel Lodrö, Unveiling Your Sacred Truth.

39. Azon szakaszok mélyreható megbeszéléshez, amelyeken keresztül megyünk, amikor egy halálos betegség diagnosztizálásával szembesülünk lásd: Elizabeth Kubler-Ross, On Death and Dying (London: Tavistock/Routledge, 1989). Kubler-Ross kutatása

haldokló betegekkel készített interjúk kiterjedt sorozatán alapult, amelyek átiratai megjelennek a könyvében.

40. A tibeti buddhista hagyomány szerint a halál pillanatában zajló külső és belső feloldódási folyamat részletesebb leírását lásd: Sogyal Rinpoche, The Tibetan Book of Living and Dying, 255-260. Lásd még: Shar Khentrul Jamphel Lodrö, Unveiling Your Sacred Truth.

41. Az utolsó nemzedék egyik legnagyobb tibeti mestere, a 16. Karmapa 1981-ben halt meg az Egyesült Államok egyik kórházában. Halálának néhány figyelemre méltó részlete, köztük az egyik kezelőorvosa beszámolója, a következőkben olvasható: Reginald Ray, Secret of the Vajra World (Boston: Shambala, 2001), p465-80.

42. A halál és az új testben való újjászületés közötti átmeneti időszakot vagy köztes állapotot a tibeti buddhista hagyomány meglehetősen részletesen feltérképezi. Lásd: Sogyal Rinpocse, The Tibetan Book of Living and Dying, 291–302. A részletesebb leírásért lásd: Shar Khentrul Jamphel Lodrö, Unveiling Your Sacred Truth.

43. Hasznos kézikönyv azoknak, akik meditációs gyakorlatot szeretnének elkezdeni és folytatni: Graham Williams, Life in Balance: the Lifeflow Guide to Meditation (Adelaide: Print Know How 2008). További jó hivatkozások: Ajahn Brahm, Mindfulness, Bliss and Beyond: A Meditator's Handbook (Somerville: Wisdom 2006) és B. Alan Wallace, The Attention Revolution: Unlocking the Power of the Focused Mind (Boston: Wisdom 2006). Lásd még: Shar Khentrul Jamphel Lodrö, Unveiling Your Sacred Truth.

44. A hagyományos Vadzsraszattva tisztító gyakorlat részletesebben megtalálható: Shar Khentrul Jamphel Lodrö, Unveiling Your Sacred Truth című könyv tizenhatodik fejezetében.

45. Számos buddhista szöveg szól Amitábha tiszta föld gyakorlatáról és Szukhavati jellemzőiről, amelyeket érdemes lehet megismerni; ezek

némelyike valójában magas megvalósítást elért mesterek közvetlen vízióin alapul. Az egyik legértékesebb szöveget a tizenkilencedik századi láma, Coknyi Gyamco komponálta, és több mint száz oldalnyi tibeti szövegből áll, amely ezt a tiszta birodalmat írja le. Mély vágyam, hogy ezt a szöveget a közeljövőben lefordítsam és széles körben elérhetővé tegyem.

46. A halálközeli élmény kutatásához lásd például: Kenneth Ring, Life at Death: a Scientific Investigation of the Near-death Experience (Boston: Arkana 1985).

47. Elizabeth Kubler-Ross, Memoir of Living and Dying: The Wheel of Life (London: Bantam 1997).

48. Elizabeth Kubler- Ross, The Wheel of Life, p288.

49. Az utóbbi időben néhány nyugati embert reinkarnációként ismertek fel: Lásd: Vickie MacKenzie, Reborn in the West: the Reincarnation Masters (London: Bloomsbury 1995).

50. Dr. Ian Stevenson sok éven keresztül részletes bizonyítékot gyűjtött össze több mint kétezer olyan esetről, amikor a gyerekek felidézték az előző életüket. Lásd: Ian Stevenson, Twenty Cases Suggestive of Reinkarnation (Charlottesville: Univ. of Virginia Press, 1974); és Jane Henry (szerk.), Parapsychology Research on Exceptional Experiences (London: Routledge 2005). Sajnos az ilyen kutatásokat gyakran elutasítják, mert nem tekintik „mainstream"-nek – azonban úgy gondolom, hogy nagy hasznunkra válna, ha kritikus, de nyitott tudattal értékelnénk, ahogyan azt a „mainstream" tudományban tennénk.

A Szerzőről

Khentrul Rinpocsé egy nem felekezeti tibeti buddhista mester. Annak szentelte az életét, hogy széles körben ismereteket szerezzen a spirituális gyakorlatokban, több mint 25 mestertől tanulva minden főbb tibeti hagyományvonalból. Bár őszintén tiszteli és becsüli az összes spirituális rendszert, a legnagyobb bizalma és tapasztalata a Kálacsakra Tantra ösvényében van, ahogyan azt a Dzsonang-Shambhala Hagyományvonalban oktatják.

Rinpocsé beleviszi az éles és elemző tudatát mindenbe amit csinál. Tanításai nem csak hozzáférhetőek és közvetlenek, hanem gyakran kiemelik a gyakorlatias ésszerűséget. Az évek során Rinpocsé sok könyvet írt, hogy tanítványainak utat mutasson, és különösen nagy energiát fordított a fordításokra és az írásokról szóló kommentárokra, amik a Kálacsakra Ösvény fokozatos szintjeit mutatják be.

Rinpocsé úgy hiszi, hogy a világunk kétségkívül rendelkezik az őszinte béke és harmónia megvalósításának lehetőségével, miközben képesek vagyunk megőrizni környezetünket és emberségünket. Ezt, Shambhala Aranykorát lehetséges elérni a Kálacsakra rendszer tanulmányozásán és gyakorlásán keresztül. Eddig a pillanatig Rinpocsé beutazta a világot, hogy megossza tudását erről az egyedi vonalról, amely mentes a felekezeti elfogultságtól.

Rinpocse Víziója

A Dzokden azzal a határozott céllal jött létre, hogy támogassa Khentrul Rinpocsét a nagyobb békéről és harmóniáról szőtt víziójának megvalósításában világunkban. Ahogy közösségünk gyarapodik és fejlődik, mind több és több ember kapcsolódik be ebbe a rendkívüli erőfeszítésbe.

Rinpocse víziójának hatáskörét úgy érzékeltethetjük, ha beszélünk arról a nyolc célról, amelyek tükrözik Rinpocse rövid és hosszú távú prioritásait:

Azonnali Célok

Végső soron a tartós, valódi boldogság csak mély személyes átalakulás révén lehetséges. Most mindennél nagyobb szükségünk van olyan módszerekre, amelyekkel fejleszthető bölcsességünk, és megvalósítható a bennünk rejlő legnagyobb potenciál. Rinpocse ezért helyez akkora hangsúlyt a Dzsonang Kálacsakra hagyományvonal megőrzésére. Négyféle módon reméli ezt megtenni:

1. **Alkalmakat teremteni egy autentikus és teljes Kálacsakra hagyományvonalhoz való kapcsolódásra szoros együttműködésben a távoli Tibet elhivatott gyakorlóival.** Célunk minden támogatást megteremteni a Kálacsakra gyakorlásához az autentikus hagyományvonal-mesterekkel összhangban, akik ezt a tradíciót több ezer éve fenntartják. Ezért szobrokra és festményekre adunk megbízást, könyveket írunk és tanításokat adunk szerte a világban. Különös hangsúlyt fektetünk anyagaink hitelességének a biztosítására, igénybe véve azoknak a magas szintű megvalósítást elért meditálóknak

a mély tapasztalatát, akik ezeknek a gyakorlatoknak szentelik életüket.

2. **Nemzetközi elvonulási központok létesítése a Kálacsakra tanulmányozásához és gyakorlásához.** A tanítások tudatunkba építése érdekében kulcsfontosságú, hogy alkalmunk legyen hosszabb időszakokon át intenzíven gyakorolni. Azon dolgozunk, hogy megteremtsük a szükséges infrastruktúrát, amely támogatja és táplálja közösségünk tagjait a rövid és hosszú távú elvonulások alkalmával egyaránt. Ebbe beletartozik a földvásárlás, valamint a csoportos illetve magányos elvonulás biztosításához szükséges építkezés. Hosszútávú célunk olyan központok hálózatának a létrehozása az egész világon, amely globális közösséget alkotna, és a gyakorlók széles körének tudna támogatást nyújtani.

3. **A Kálacsakra mesterek kivételes és ritka szövegeinek lefordítása és kiadása.** A Kálacsakra Rendszer Tibet hosszú történelme során megszámlálhatatlanul sok leírás tárgyául szolgált. Eddig e szövegeknek csak kis hányadát fordították le és tették hozzáférhetővé Nyugaton. Miközben fontosak az elméleti szövegek, fő célunk a lényegi instrukciókra való összpontosítás, amelyek az elhivatott gyakorlót a nagy erejű tanítások mélyebb megtapasztalásához vezetik el.

4. **Eszközök és programok kidolgozása a strukturált tanulási élményért.** A világ minden táján szétszórva élő tanítványok érdekében fontos, hogy a legtöbbet hozzuk ki a modern technológia vívmányaiból a tanulási folyamat elősegítésére. Olyan robusztus online oktató platformot szeretnénk kifejleszteni, amely lehetővé teszi nemzetközi közösségünknek, hogy olyan minőségi tanulói programokhoz férhessen hozzá, amelyek intuitívak, strukturáltak és vonzóak.

Hosszútávú Célok

Miközben mindannyian a végső béke és harmónia elérésére törekszünk tudatunkban, nem téveszthetjük szem elől azt a tényt, hogy egy hihetetlenül változatos világ tágabb kontextusában létezünk. Sokféle hitet és gyakorlatot követünk, amelyek azután alakítják az egymáshoz való viszonyulásunkat és együttműködésünket. Ebben a kölcsönösen függő valóságban létfontosságú, hogy életképes stratégiákat találjunk a nagyobb tolerancia és tisztelet elősegítésére. Rinpocse erre négy konkrét tevékenységi területet javasol:

1. **A Rimé Filozófia kifejlesztésének elősegítése a más tradíciókkal való párbeszéd révén.** Attól a vágytól vezérelve, hogy építő tagjai lehessünk egy többelvű társadalomnak, meg kell tanulnunk, hogy mi módon békíthetjük össze a köztünk lévő különbségeket. Ebből a célból szeretnénk segíteni az embereket abban, hogy kifejleszthessék azokat a pozitív minőségeket, amelyek elősegítik a kölcsönös tiszteletet, az új gondolatokra való nyitottságot és a tudatlanságon való felülemelkedés kíváncsi vágyát.

2. **Kifejleszteni magas megvalósítású példaképeket az elhivatott gyakorlóknak szóló anyagi támogatás felajánlásával.** Spirituális tradíciónk autentikusságának a biztosításához elengedhetetlenül szükségesek olyan emberek, akik elérik a legmagasabb szintű megvalósítást. Ezért célunk egy penzbeli ösztöndíjas program létrehozása, amely támogatja azokat az igazi gyakorlókat, akik életüket a spirituális fejlődésnek kívánják szentelni, gyakorlási rendszerüktől függetlenül. Ha segítünk az embereknek megvalósítani a tanításokat, pozitív példaképpé válnak a körülöttük lévők számára, inspirálva és irányítva az eljövendő nemzedékeket.

3. **Megvalósítani a női gyakorlókban meglévő hatalmas lehetőséget speciális képzési programok szervezésével.** A tibeti

kultúra hosszú múltra tekint vissza a magas szintű megvalósítást elért tanítók kiművelésében azoknak a személyeknek az intenzív képzése révén, akik felismerten nagy képességekkel rendelkeznek. Sajnálatosan a nagy képességet inkább csak férfi jelöltekben keresték. Rinpocse úgy hiszi, mindinkább fontos, hogy legyenek erős, magas szintű megvalósítást elért női példaképek is, akik nagyobb egyensúlyt hozhatnak világunkba. Ezért azon dolgozunk, hogy egyedülálló képzési programot dolgozzunk ki, amely megteremtené a nőknek is az alkalmat spirituális képességeik megvalósítására. Célunk speciális tanrend összeállítása és pénzügyi infrastruktúra kiépítése tanításuk minden aspektusának teljes körű támogatására.

4. **Elősegíteni a tudat nagyobb fokú rugalmasságát és a valóság átfogóbb megértését modern képzési programok segítségével.**
Egy ilyen gyorsan fejlődő világban újra kell gondolnunk, hogy milyen készségeket szeretnénk elsajátíttatni gyermekeinkkel. A múlt merev rendszerei gyakran nem megfelelőek arra, hogy felkészítsük őket az életben rájuk váró kihívásokra. Ezért célunk sokféle oktatási program kidolgozása, amelyek segíthetik a gyerekeket abban, hogy rugalmasabbak legyenek, és képesek legyenek a környezetükhöz alkalmazkodni. Ezeknek a programoknak az egyik fontos eleme nagyobb tudatosság kifejlesztése tudatunk szerepéről a mindennapi tapasztalásainkban. A kolostori oktatási rendszert is szeretnénk megreformálni, hogy közelebb hozhassuk a modern vil-ághoz.

HOGYAN SEGÍTHETSZ?

Mindez nem lehetséges a Te támogatásod és részvételed nélkül. Ez a vízió hatalmas mennyiségű érdemet és nagylelkűséget kíván számos adakozótól. Ha segíteni akarsz, bátran lépj kapcsolatba velünk.

Dzokden

3436 Divisadero Street

San Francisco, California 94123

United States of America

www.dzokden.org

www.ingramcontent.com/pod-product-compliance
Lightning Source LLC
Chambersburg PA
CBHW061150120626
46546CB00005B/1995